できる人の共通点

陰山孔貴

ダイヤモンド社

7 bases they arrived

KAGEYAMA Yoshiki

美[illegible]

[illegible]の[illegible]

はじめに

仕事ができる人というと、みなさんはどんな人を思い浮かべるでしょうか？ 職場の同僚や上司、または同じ業界のスタープレイヤー……。さまざまな人物像があると思います。彼らの特徴といえば、たとえば「ポジティブさ」「物事をやり抜く意志の強さ」「天才的なひらめき」「謙虚さ」「マメさ」「コミュニケーション能力の高さ」「行動力」などなど、接していると思わず「できる人だなぁ……」と感じる要素があるかと思います。

私は、それが不思議でなりませんでした。いったい、どうしてそうなるのだろうか？ 生い立ちなのか、もともとの性格なのか、他の人もそうなれるのだろうか。その秘密を探りたいと思っていました。

そうしてまとめたのが本書、「できる人の共通点」です。

筆者は、もとはメーカーで会社員として働き、30代で学者の道に転向。経営学者として私立大学に勤めています。幸いなことに、経営学という企業や働く人を対象にした分野が専門のため、さまざまな企業の人にお会いする機会をいただいてきました。

その中で、あることに気づきます。

各会社・各業界で「できる」と言われるような人に限って、まるで示し合わせたように同じような言動をされるのです。

「この人、この前の人とまったく同じことを言っているぞ……？」「この所作は、前も見たことがある……」そんな場面が増えてきました。

いったい、どうして言動が同じなのか？ これまで、どんな体験をしてきたのか？ どんなことを感じてきたのか？

気になった私は「インタビュー」という形で、各界のできる人に詳しく話を聞いてみることにしました。

その過程では、経営者・ビジネスマンだけでなく、お医者さんや弁護士さん、スポーツ選手、芸術家、デザイナーや漫画家、料理人、研究者などなど、この数年で３００人ほどの方にインタビューを重ねました。

回数を重ねるうちに確かになってきたのは、「**そうか、こんな考え方や習慣を持っているからできる人は似てくるんだ！**」というできる人ならではの共通点です。

その共通点とはすなわち、

1 「学ぶことがあたりまえ」だと考えている

2 人生に起きるすべての経験に「意味づけ」をしている

3 独自の「ルール」を決め、習慣化している

4 「運」を大切にしている

5 「試行錯誤」の末に新たな価値を生みだす

6 明確な「判断基準」を持ち、不必要なことはやらない

7 すべては「直感」から始まっている

という、大きく7つのカテゴリーに分けられます。

「できる人」には、これらの考え方や習慣がすべての土台にあります。

これらの共通点は、たとえるならばパソコンやスマートフォンの「OS」のようなものです。**仕事の内容はまったく違うのですが、彼らを動かすシステム（行動原理）は同じ。**

だからこそ、彼らは仕事で結果を出していき、できる人になったのだということです。

そして、インタビューを続けてハッキリとわかったのは、**これらの共通点は後天的に獲得されていったもの**だということです。

たとえば、冒頭に挙げたポジティブさ、強靭な意志、天才的なひらめき、人間力の高さなど、一見すると生まれ持った才能に見えるような事柄も、実はこれら7つの共通点が源となり、培われていったものだったのです。

では、なぜ生い立ちも違う、年齢も違う、職歴も違う、得意分野も違う人たちが同じ共通点を獲得するようになったのか？ 本書はその理由と、ではどうすれば身につくのかを考察・解説した内容になっています。

全3部構成で、冒頭の「序章」では、今述べたできる人の7つの共通点について、その概要をお伝えしていきます。

メインボリュームを占める1～7章では、それぞれの共通点について、インタビューで出てきたエピソードなども交えながら、どうすれば私たちがその境地にたどり着けるのか、具体的に解説していきます。

そして最後の「終章」では、インタビューの中で出てきた、できる人が課題として感じていることを取り上げ、これからのできる人に求められる資質について述べていきます。

……と、このように語っていますが、そもそも学者がなぜこのような本を書かせていただいたかといえば、本書の内容は、私自身がずっと悩んできたテーマだからです。

会社員時代も現在も、「果たして、今進んでいる道は正しいのか？」「どうすれば、よりよく働くことができるのか？」そんな疑問は絶えません。

そこに加えて、大学の教え子たちも進路について大きな悩みを抱えています。どこで働くのか、どんなふうに働けばいいのか？　彼らに対して、キャリアの道すじを示すようなことはできないか。そんな動機もあって、始まったインタビューでした。

そして各界のできる人たちと間近で接し、その背景にあるものを聞いていくと、**どんな人でも「できる人の共通点」を獲得することは可能であり、多くの人はそのきっかけを知らないだけなのでは？**　と、希望を感じるようになってきたのです。

本書は、みなさんのキャリアの復習や予習として、またこれから社会に出ていく人たちのために、「こんな考え方で働けたら素敵ですよね」という1つの提案にもなっています。

少しでもみなさんの未来に役立てることができたら、これほど嬉しいことはありません。

最後までお楽しみいただけたら幸いです。

※本書の制作過程では、一般的にもよく知られている「有名人」と呼ばれる方にも多数取材をさせていただきましたが、本書内ではすべての方のお名前を伏せております。ご本人の希望、関係各社への配慮、また、先入観なくお読みいただきたいという理由から、そうさせていただきました。その点、ご了承いただけましたら幸いです。

もくじ

1章

「学ぶことがあたりまえ」だと考えている

2章

人生に起きるすべての経験に「意味づけ」している

5章

「試行錯誤」の末に新たな価値を生みだす

6章
明確な「判断基準」を持ち、不必要なことはやらない　153

序章

できる人の7つの共通点

共通点1

「学ぶことがあたりまえ」だと考えている

できる人の共通点。その1つ目は、学ぶことにどん欲だということです。とにかく積極的で、人との出会いや新しい知識やトレンドを追うこと、あるいはチャレンジを行い、何歳になっても学ぶ姿勢を忘れていません。学びに対して謙虚なのです。

この学びとは、一般的にイメージされる「勉強熱心」とはちょっと違います。自身の専門分野や興味のあることを勉強するだけでなく、**「日常で起こることのすべてが学び」である、ということです。情報だけでなく、人から学ぶ、体験から学ぶことを大切にしています。**

たとえば、自分よりはるかに年下の人であっても「これを学びたい」と感じれば積極的に付き合い、新しい知識、技術、価値観などをアップデートしていきます。

あるモデルの方は、「撮影などの仕事が続いたあとは自分が空っぽになったような感じがするので、意識的に旅、映画鑑賞、読書をして自分を満たしています」と言います。

スポーツや芸事などの習い事にも熱心な場合も多く、「意外な趣味」を持たれています。たとえば、空手を習う大学教授、茶道を習うＩＴ会社の役員などです。

その際、単純に芸事を習うということだけでなく、「人に学ぶ」ことに重きを置いている方もたくさんいました。「お茶を習う」でも、ただお茶を学べればいいということではなく、「その先生だから学ぶ」と答える方が多かったのです。

ある経営者の方はこう言います。

「単なる知識であれば、学ぼうと思えばいつでも学べるかもしれません。でも、誰に学ぶかはタイミングも大切です。私の先生はずっと年上の方なんですけど、感性は若いですし、言葉にも重みがありますし、一緒の空間にいるだけで勉強になります！　という感じです（笑）。そういう人との出会いは、本当に得難いと思います」

というように、技術や知識ではなく、「先生の生き方からあふれる佇《たたず》まい」を学ぶのだと言います。「この人だ」と思ったら積極的に飛び込んでいくのです。

このように、みなさん学びに対してどん欲なのですが、**そこに「必死に努力している」という感じはまったくなく、ごく自然であり、学ぶのはあたりまえ。「そうしたいからしている」、というスタンスなのです。**

そうした学びを大切にする人に共通するのは、仕事は仕事、プライベートはプライベート、という線引きはなく、必要だと思う情報・出来事があればいつでも取り入れていく学び方のパターンです。

また同時に、「捨てる」ことへの潔さもあり、仕事も同じパターンでは勝負をせず、常に違うもの、新しい方法を探しているのも特徴です。

スクラップ&ビルド（壊してまたやり直すこと）に躊躇《ちゅうちょ》がなく、「この方法を捨てることで、もっといい仕事ができる」というポジティブな姿勢があります。

ある経営者の方は、自分が立ち上げた企業を引退し、「あとは後進の若いものがやればいい」と、60代後半からまったく別の仕事を始めました。その姿勢が、見ていて非常に潔いのです。

限りある時間の中で謙虚に、そして大胆に。そんな学びの姿勢はどのように身につくのか？　また、そこから何を学んでいるのか？　詳しくは1章で解説していきます。

共通点2

人生に起きるすべての経験に「意味づけ」をしている

できる人の共通点の2つ目は、「経験への意味づけ」です。

私たちは華々しいキャリアの人を目の前にすると、「挫折知らずの天才」という印象を抱いてしまいがちですが、そうではありません。むしろ、**活躍している人ほどキャリアのどこかで必ず大きな挫折を経験しています。**

順風満帆の人生を歩んできた人は、誰一人としていません。借金を抱えた方もいれば、降格人事にあった方もいれば、病気休養を経験した方など、すべての人が何かしらのアクシデントにあっているのです。

その原因は世の中の流れや事故など、本人にはどうにもできないものもあれば、「調子に乗って失敗した」など、本人の行動からくるものもありました。

仕事の問題、家庭の問題など内容もさまざまですが、おもしろいのは、**できる人はそうした経験を「あの経験には意味があった」と非常に前向きに捉えていること**です。「過去の体験があったからこそ、今の自分がある」という実感を持っています。

さらに興味深いのは、なぜか成功談を積極的に語ろうとする人はおらず、失敗談や挫折経験にこそ力を入れて話すことです。

その際も、「苦労話を聞かせたい」「グチりたい」というような感じではなく、「ひどいでしょ？（笑）」とか「ほんと、大変だったんだよねぇ」といったように、話しぶりは非常にフラットなのです。

もちろん、失敗や挫折した体験にだけフォーカスするのではありません。

「新卒で選んだ会社がよかった」

「20代の終わりに師に出会えた」

「妻のおかげで独立に踏みきれた」

といったように、人生の節目に訪れるイベントについても、ポジティブな意味づけをされています。

できる人たちは、数々の経験を重ねていく中で「**人生は、万事うまくいかないのはあたりまえ（でも、いつまでも悪いことは続かない）**」という考え方に行き着き、経験に独自の解釈を与え、仕事や人生を前向きに捉えていくようです。

ある方は、趣味のロードバイクで大事故にあい、意識不明の状態にまでなりました。今でも顔には手術のあとが残っていますが、「この経験をしたことで、社会に役立つ仕事をするという決心ができた」と言うのです。その事業は、今テレビや新聞などで注目を浴びています。

このように、起きたことは起きたこととして、新たな挑戦・次へのバネにする。経験や出来事に意味づけをしていくことで、向かい風やちょっとくらいの落ち込みがあってもへこたれずに挑戦をしていけるのです。

では、できる人たちがどんな体験をしてきて、そこから何を学んできたのか？　詳しくは、2章で見ていきます。

共通点3

独自の「ルール」を決め、習慣化している

できる人は、「初志貫徹」「有言実行」です。

そんな姿勢を支えているのが、**「特定のルール」を持つこと。「これ」と決めた習慣などを持ち、それを実践しています。**

たとえば、「1日1冊本を読む」「週に7人以上の新しい人に出会う」「1日1枚のCDアルバムを聴く」「飲み会の二次会には行かない」など小さな習慣はもちろんのこと、「停滞しているときには新しいことをしない」といった、仕事の判断に直結する大きなルールもあります。

このルールには大きく2つの視点があり、1つは、「誰に強制されるわけでもなく、自

分で決めて、その習慣を続けている」ということ。2つ目は、「決めたことは破らない」ということです。

みなさん自発的に「こうしたい」「こうしよう」というルールを決め、生活の中に取り入れています。

また、先ほど例を挙げたように、一つひとつのルールは小さなアクションである場合も多いのですが、「これを続けるんだ」と誓いのようなものを立て、やり抜きます。

たとえばある音楽家の方は、1日に何時間も楽器の練習をしているのですが、練習の時間帯はきっちり決まっていて、それを動かすことはないそうです。

ただし、実践されているルールは必ずしも「最初からそのルール・習慣」だったわけではなく、いろいろと試行錯誤をした中で、やめるものもあれば、多少のルール変更もあります。しかし、誰もが「この期間はこうしよう」と決めたら、最低限その期間はやりきる、という行動力を持っているのです。

では、なぜそうするのでしょうか？

経営学の考え方に「表層の競争力」と「深層の競争力」があります。簡単に言うと、**表層とは「目に見えるもの」。深層とは「表からはわからない内側のこと」**です。

経営においては、会社や商品のブランド力（表層）だけでなく、現場の力や社内の人間関係、雰囲気といった会社の外からは見えない深層も競争力の決め手になっている、という考え方です。

このルールの話を深掘りしていくと、**それがどんな習慣であれ、徹底していくことは深層（内面）の力を鍛えることにつながる**のではと感じるのです。

たとえば、年商100億円の会社の経営者、大手企業の役員ばかりをクライアントに持つコンサルタント、総合格闘技の元世界チャンピオン、世界を渡り歩くアーティストなど、みなさんわかりやすい肩書きを持っていますが、それを支えるのは「自信」や「意志力」「行動力」といった人間としての内面の部分です。

習慣をつくる、ルールを徹底するというのは、「仕事のため」「健康のため」といった表面的な理由ばかりでなく、物事を継続することで、内面を磨く、自分の価値を高めることにつながっているのです。

では、実際にどのようなルールを徹底しているのか、これは3章で解説していきます。

共通点4

「運」を大切にしている

続いて、4つ目の共通点は「運」です。

「どうしてうまくいったんだと思いますか？」といった質問をすると、十中八九「運がよかったんですよ」といった答えが返ってきます。その姿勢は徹底して謙虚です。

「努力してきましたから」といった言い方をする人はおらず、「運だけはいいほうなので」「人の縁に恵まれました」「タイミングがよかったんです」など、それぞれ表現は違いますが、「最終的には運がよかったから」と話されるのです。

これは、今回の中でも一番意外な結果でした。

みなさん「運」についても独特な（そして芯の部分では共通する）考え方や習慣を持っているのです。

どんな成功体験も、すべてが実力だとは考えていない。このような基本姿勢があるからこそ、できる人は謙虚でいられるのです。

では、どうしてそのような考え方をするようになったのか？

詳しく聞いていくと、そこにはさまざまな体験談がありました。

たとえば、アメリカでスタンダップコメディアンとして活躍するある方。

この方は、最初はプロのダンサーになろうと渡米をしますが、何年経っても結果に結びつきません。

「この先どうしたらいいのか……」と失意の中、街をぶらぶらしていたときにたまたま目に留まったのが「コメディレッスン」の看板。日本でいえばカルチャースクールのようなものです。

このクラスがなんとなく気になって受講してみたらしいのですが、いざ練習として話してみると、教室中が大爆笑。その瞬間、「次は、これかもしれない」と感じ、コメディアンの道に進むことになったのです。30歳手前の出来事だったと言います。

その後は順風満帆に進み……と思いきや、「最初の爆笑はなんだったのかと思うほど、笑いは取れなかった（笑）」そうです。

それでも、何年も研鑽《けんさん》を重ねていくうちに芸が磨かれていき、アメリカの有名なテレビ番組に出演するまでになります。

このように、「なぜそうなったのか不思議」「運としか言いようがない」というような体験をみなさんされているのです。

もちろん、その体験はいいことばかりではありません。苦しい体験の中で「捨てる神あれば拾う神あり」といった場合も多々あります。

たとえば、20代を通してベンチャー企業で昼夜問わず働いていたという方。会社の数字の大半を担い、経営者からの期待も大きかったと言います。

しかしある朝、身体が急に動かなくなり、「会社に行けない」と感じたそうです。病院で診察を受け、会社に1ヶ月の療養を申し出ます。

その療養中に、「会社をやめる」という判断をしたのですが、あとから聞くと、療養を申し出た日が、実は昇進の辞令が下る日だったというのです。「仮に昇進していたら、もう会社をやめられなくなっていただろう」と、その方は言います。

このように、**できる人はいい体験も悪い体験もしており、それらを含めて「運がよかった」と語るのです。**

またもう一点重要なことは、できる人は運という概念を大切にしていますが、運がすべてとは決して考えていません。

運まかせ・神仏頼りにするのではなく、**自分でやれることはやっており、「成功の引き金・決め手が運」なのです。**「人事を尽くして天命を待つ」を実践し、あとは神のみぞ知る、という状況をつくっています。

その上で、独自の運に対する考え方や習慣があるのです。

詳しくは、4章で見ていきましょう。

共通点5

「試行錯誤」の末に新たな価値を生みだす

5つ目の共通点は、それぞれのフィールドで「新たな価値」を生みだしていることです。その業界や社会にはなかった大胆なアイデアや行動で商習慣を変えたり、新たな商品やサービスを生みだしたり、そんな経験をしています。

こればかりは生まれ持ったセンスや才能によるものであり、マネしたくてもできない天才の仕事なのだろう……私自身、そんな思いがあったのですが、インタビューを進めるごとに「実は、そうではないのかもしれない」という思いが強くなっていきました。

というのも、お話を伺っていると最初から「業界のルールを破ってやろう」「破天荒なことをして目立とう」などと思っている方はいないのです。

彼らがやっていることは、**「革新的なアイデアをいかに効率よくひらめくか」などというスマートな方法ではなく、もっと泥臭い、シンプルなトライ・アンド・エラーの繰り返しでした。**

仕事をしていく上で「こうすればうまくいくのでは？」と仮説を立てて、うまくいかなかったら新しい仮設を立てて実行する、というサイクルを繰り返しています。

自分で反省することはもちろん、先輩や上司たち、お客さんからのフィードバックなどを受け、改善を繰り返していきます。

これを何十、何百と繰り返していきながら、「より上へ」「もっと高みを」目指していく結果、「最後には自然と新たな価値にたどり着く」というパターンがほとんど。**意図して型破りなのではなく、結果的に型を破っている、というわけです。**

どうしてそうなるのでしょうか？

大きな理由の1つは、トライ・アンド・エラーは繰り返せば繰り返すほど、「上には上がいる」ことがわかるからです。すると、同じ場所で勝負をしても勝てないので、必然的に自分が勝てる場所を見つけていくことになります。

たとえば、近年一気に生徒の成績を上げることに成功している塾の経営者は「勉強を教える」ことを目的とせずに、生徒たちの「やる気を出す」ことに特化した教育を展開しています。

大手の塾と勝負していくには、設備も教材も足りない。その中で、そもそも「生徒の成績を左右するものは何なのか？」と模索し、たどり着いたと言います。

「新たな価値」と言うとおおげさに感じられるかもしれませんが、新たな価値を生むとは、必ずしも0から1を生みだすことではありません。

むしろ、「世の中にはあらゆるものがすでに存在している」という前提からスタートし、かけ合わせによって新しい価値を生みだしていくのだと言えます。

自分の持っている強みやリソースを元手に、市場が求めていることや自分のやりたいことをかけ合わせていく。すると、いつの間にか「業界の革命児」などと呼ばれている。そんな経験が多くのできる人に共通しています。

また一方では、「温故知新」を大切にし、長く培われてきたものをより洗練させて提供する、というパターンもあります。

たとえば料理人のみなさんに話を伺っていると、フレンチでも日本料理でも、「極めていく人ほどシンプルになる」と言います。派手さやオリジナリティーを追求するのではなく、素材を活かすために余計な味つけはしない。しかし、ただシンプルなだけではなく、「その人らしさ」が確かに感じられる独自の料理になっている……そんな境地にたどり着くのだそうです。

まったく違うジャンルでも同じような話は聞かれました。

20代にしてすでにトップ選手として活躍しているあるプロレスラーの方。この方は新しい派手な技を開発するのではなく、オーソドックスな技を洗練させていき、シンプルな技でいかにお客さんを魅了するかを重視しているそうです。

「ほんの少しの動きの違いで、技の説得力って変わってくるんですよ。その少しが難しいんですけど、難しいことを簡単そうにやるのが本当のプロフェッショナルだと思っています」とのこと。

彼らに共通しているのは、新たな価値を生みだす源泉は、ひらめきの才能というよりもトライ・アンド・エラーを止めない忍耐力、探究心だということです。

革命的な仕事をするには、「試行錯誤をやめないこと」が第一の条件になります。のちほど、5章で詳しく紹介いたします。

共通点6

明確な「判断基準」を持ち、不必要なことはやらない

6つ目の共通点は、「独自の判断基準を持っている」ことです。**特に、「やらないこと」をハッキリと決めていました。**

「部下に指示を出したら、結果が出てくるまで一切口を出さない」「集中したい作業の時期は、人の誘いに一切応じない」「飲み会には参加するが二次会には行かない」などなど、形はそれぞれですが、答えにまったく迷いがありません。

なぜ、そのような習慣を持っているのか？

理由の1つは、時間への強烈な意識からだと言えます。

時間は有限であり、何よりも貴重なものである。その価値を心底理解しているからこそ、

何をしたいか・したくないかの判断が明確なのです。

ただし、理由はそれだけではありません。もう1つ、その人の信念にも大きく関わってきます。

インタビューの中で印象的だったのが、「私はこれ（自分の仕事）しかできないので」と口を揃えておっしゃることでした。何に集中して、何を手放すか。いわゆる「選択と集中」を徹底していき、ご自身のあり方・仕事の方向性をきちんと持っています。

みなさん自分の強みも弱みも理解しているのです。

その上で、**「こういう商売には絶対に手を出さない」「会社の理念に沿わないことはしない」「こういう人とは仕事をしない」など、固く決めて徹底しています。**

たとえば、有名な美術館なども手がける内装会社の経営者の方は、会社の規模の拡大を第一優先には決してしないと言います。

経営者として会社の規模を大きくしたいという気持ちもあるでしょうが、それ以上に一つひとつの仕事が会社のためになるのかを重視して仕事を選んでいるのです。

また、あるプロデューサーの方は、番組のプロデュースを第一線でこなしながらも、他にいくつかの事業を持つ経営者でもあります。さまざまな人と組みながら、商品やサービ

スをプロデュースされています。いわく、

「人って苦手なところを伸ばしてもしょうがないと思うんです。だって、苦手な分野じゃどうあがいてもふつうにしかなれないですよね。だから僕は、仕事では明確な強みのある人と組もうと決めてます。と言っても、強みって必ずしも専門的な技術じゃなくてもいいんです。たとえば資料1つとっても、作業的に調べてきただけの人と、それが好きでしょうがないという人の言葉は、同じ内容でも説得力が違いますよね」

とのこと。実際、「好き」をベースに仕事をしていくと、必然的におもしろい個性を持つ人が集まっていき、他にはないものが生まれやすくなるそうです。

このように、できる人はそれぞれ美学や哲学とも言うべき判断基準を持っています。今は何をすべきで、すべきでないことは何か。確固たる軸を持つことで、ぶれずに仕事ができるのです。

では、その判断基準を支えるものは何なのか？　その背景や具体的な指標については、のちほど6章でご紹介していきます。

共通点7

すべては「直感」から始まっている

最後の共通点に挙げるのは、「直感」です。

新規事業への大きな投資、キャリアの大きな変更、世の中をあっと言わせるようなヒット商品の開発……そうした過去の大きな決断について、「どうしてそうしようと思われたんですか？」という質問をすると、**返ってくる答えは「なんとなく」「直感で」といったものばかりでした。**

「もちろん、いろいろ理由づけもできるし、ロジックで説明もできるんだけど、必ずしも合理的に考えたわけではありません。言ってしまえば、直感ですよね」

そんな答えが返ってくるのです。

芸術家やデザイナー、アーティストなど、日常から「右脳」を発揮していそうな職業の方がそう答えるのは想像がつきますが、それだけではありません。経営者はもちろんのこと、いわゆる理系的な職業の方でも同じでした。

たとえば、人工知能（ＡＩ）の研究者の方にインタビューしたときのことです。

「今後、ＡＩ技術がますます進歩したら、人間はいよいよ勝てなくなってきそうですね」と言うと、その答えは、「そんなことはまったくありませんよ」でした。

「ＡＩは枠の中でルールを与えると、その中でのことはできますが、決して万能ではありません。人間の脳はＡＩよりはるかに優秀で、いろんなものを統合して出した直感があります。ＡＩが直感で判断することはできません」そんなふうに言うのです。

実は、このような話は研究者の世界にはよくあって、その分野で権威・大家《たいか》とされるような学者ほど、直感から研究をスタートさせることがあります。

「なぜかは明確に説明できないけれど、なんとなくこう思う」という感覚からスタートし、仮説を組み立て、検証をして、論文にしていく。偉人でいえば、アインシュタインの「$E=mc^2$」という公式も、答えだけが直感的にあって、理屈はあとから組み立てた、という話は有名ですが、まさにそのようなイメージです。

もちろん、そのような大きなことだけではなく、日常の小さな判断。たとえば、誰と付き合うか、どの予定を優先するか、といったことも同様です。「なんとなくいい」「なんとなくよくない」といった感覚で物事を判断することも多いと言います。

ただし、**できる人の言う直感とは、完全に当てずっぽうの「山勘」とはニュアンスが異なります。**うまく言語化はできないけれど、それまでの経験則が働いている直感。いわゆる「暗黙知」の積み重ねによる直感だと言えそうです。

つまり、日々の判断の積み重ね、失敗や成功の蓄積、「○○だから□□になった」といった内省を繰り返していくことで精度が高まっていく直感です。

その直感によるひらめきや決断を、人にわかりやすく伝えるために「理屈（ロジック）」を利用する。文系や理系、職種や業界を超えて、できる人はそのようにして仕事や人生の重要な局面を考えているようなのです。

「すべてがなんとなくの直感から始まり、そのあと理屈で整えていく」。これについては、7章で説明をしていきます。

できる人の7つの共通点

①「学ぶことがあたりまえ」だと考えている
→ だから、必然的にポジティブになる

② 人生に起きるすべての経験に「意味づけ」している
→ だから、挫折という概念がない

③ 独自の「ルール」を決め、習慣化している
→ だから、意志力が強くなっていく

④「運」を大切にしている
→ だから、謙虚になれる

⑤「試行錯誤」の末に新たな価値を生みだす
→ だから、忍耐力もひらめきも増していく

⑥ 明確な「判断基準」を持ち、不必要なことはやらない
→ だから、迷わない

⑦ すべては「直感」から始まっている
→ だから、バランス感覚がいい

1章

「学ぶことがあたりまえ」だと考えている

できる人は、謙虚であり、どん欲でもある

ここからは、序章で紹介した「できる人の7つの共通点」を、1つずつ掘り下げて紹介していきたいと思います。なぜ、その共通点に行き着いたのか？ どうすれば身につくのか？ この1章では、学び方について見ていきましょう。

できる人は、「学ぶことはあたりまえ」だと考え、基本姿勢にしています。いったい、どうして学び続けることができるのでしょうか？

そもそもできる人たちは、私がいきなりインタビューを申し出ても、気さくに対応してくれます。

どれだけ結果を出している人であっても、メディアをにぎわす有名人であっても気軽に引き受けてくださり、話が始まると「私なんかでいいんですか？」「大した話はできないと思いますよ」などと、実に腰の低い方が多いのも印象的です。

くるのです。

「謙遜」や「日本人的な気質」という見方もあるかと思うのですが、そうではありません。「この人は本心から現状に満足していないんだな」と感じさせる言動が必ず飛びだしてくるのです。

たとえば、「ありがたいことに、いい結果は出ています。でも、もっといい仕事をしないといけないと思うので、まだまだこれからです」とは、ある業界のトップ営業マンの言葉です。

また、8千人の従業員を抱える経営者の方は、「私は主役でなくていいというか、むしろ裏方でありたいと思っています。主役は働いているみんなですし。だから、私はメディアにも出ませんし、インターネットにも極力、情報が出ないようにしています。自分よりも、みんなが出てくれればと思っています」とのこと。

会社内や業界内でどれだけ結果を出していたとしても、そこにおごらないのです。過去の記録や実績の自慢話をする人などいません。

なぜでしょうか?

それは、人生の重きを過去ではなく未来に置いているからです。

たとえるなら、まだ見ぬ山頂を常に目指している登山家であり、それぞれ「前人未踏」

のルートや記録を狙っています。頂上だけを見ているので、すべてが道の途中。いつも内なる闘志を燃やし続けているのです。

この認識こそが、常に学び続ける最大の理由ではないでしょうか。

ゴールを常に高い場所に置くので、そのためには学び続けるしかない。そんな循環が起きているようです。

ただし、そこに「自分は努力をしている」という悲壮感はありません。ごく自然なスタンスで「そりゃあ学ばないと時代に追い越されてしまいますから」と、力の抜けた方ばかりなのです。

これは、**基本的に他人を比較対象にしていないから。「自分の基準」が第一で日々を過ごしているからです。**

競争相手はまわりではなく、自分自身。だから、誰に言われずとも学び続けることができるし、学ぶことが苦ではないのでしょう。

この学びを日常で実践しているできる人は、不思議と若々しい感性に満ちています。

たとえば、これまで数々の有名作品のキャラクターデザインを手がけてきたアニメーターの方。

この方は70歳を超えていますが、見た目も実に若々しいです。誘われればさまざまなイベントに顔を出し、誰とでも分け隔てなく話をされます。その気さくさに出会った人がみな魅了されているのと同時に、この方も若い人の感性を吸収されているようで、小学生向けの作品・商品のデザインなどもまだまだ現役で手がけています。
何歳になっても、どんなステージに立っても、学びに限界はないのです。

できる人が謙虚であり、どん欲なのは・・・

「自分の基準」で仕事をしているから

できる人は、後天的に獲得した能力で結果を出す

一般的に、仕事で活躍できる人には類稀なる才能があり、それは先天的に決まっているもの。そんな認識が多いかと思います。私自身、そのように考えてきた人間の一人です。

ですが、できる人たちの生い立ちを聞いていくと、「必ずしもそうではないのでは？」「**むしろ、後天的に身につけてきた能力で活躍している人ばかりである**」という実感を持つようになりました。

たとえば、スポーツでは生まれ持った肉体やセンス、環境も重要です。しかしながら、世の中の仕事の大部分には、先天的な才能は必ずしも必要ではありません。多くのできる人は、後天的に獲得した能力によって第一線に立っているのです。

では、後天的に身につく能力とは、何でしょうか？

たとえば次のようなものです。

・仕事に必要な専門的な知識や技術
・トライ・アンド・エラーを繰り返す粘り強さ
・経験を自信や未来につなげていくポジティブな姿勢
・人と協力していくためのコミュニケーション力や役割意識
・物事を円滑に進めていくためのマネジメント力
・感情をマネジメントする技術やストレスへの対処法

これらは、「天才でなければ身につけられないもの」ではありません。ある程度の幅はあるにせよ、誰もが獲得できる要素です。

実際、できる人はみなさまざまな生い立ちを持っており、家庭環境や学んできたことは十人十色です。経歴だけを見れば「順風満帆」そのものでも、どうして今のキャリアを選んだのか、社会に出る前はどんな人だったのか、いざ話を伺うと思ってもみなかった話が飛びだしてきます。

「その会社ね、言いにくいんですけど、本当は逃げたくてやめたんですよ（笑）」

「親への対抗心が強くて、ずっと反発して生きてきましたね」

「第一志望の学校に落ちて、いまだに学歴コンプレックスを引きずってます（笑）」

「就活で失敗して、一時期はヤケになってましたね。ぜんぜんやる気もなくてしばらく引きこもっていました」

「自分さえよければいいいと、人に感謝をした経験がありませんでしたが、自己破産してすべてを失って、そこで何かスイッチが切り替わりました」

……このように、内側に大きな葛藤があった方も多く、必ずしも前向きに人生を選んできたわけではなかったのです。

それはキャリアを積んでからも同じで、あるベテラン経営者の方は「私の接し方が悪かったのでしょうけれど、信じていた部下がお金を持って逃げてしまったとき、何のためにがんばっているのかわからなくなって。何もやる気がなくなって、東京を離れて、湖のほとりで1年間ぐらいボーッと過ごしていたことがありました」と言います。

そのようなショックな出来事の末、できる人は同じ考え方や習慣に行き着き、仕事に必要な能力を獲得してきました。

つまり、**できる人は生まれてからずっとできる人だったわけではないのです。**

若さゆえの自己中心的な時代もあれば、経験不足ゆえの失敗もあり、それにより保守的になったり、攻撃的になったり、いろんなことを繰り返しながら、だんだんと能力や人間性を磨いてきたのです。

そして最終的に、できる人は**社会はアップデートされていくもの**、という前提のもと、新しいことをどん欲に学び、時代に適応していきます。

「これでいいんだ」とは決して思わず、「次はこんな知識を学びたい」「若い人の持っている感性が知りたい」「新しい技術を試してみたい」と次々と未知の領域に飛び込んでいき、活躍をしているのです。

できる人が後天的な能力を磨くのは・・・

もともと持っている才能も、アップデートしなければ役に立たないことを知っているから

できる人は、強みも弱みも知っている

　このように学んできたできる人たちですが、彼らは概して「自分に特別な才能はない」「私はこれ（自分の得意分野）以外何もできませんから」などと口にします。たとえば、営業力はあるがビジネスプランをひらめく能力はない。専門的な技術はあるが、経営センスはない、という具合です。

　これらは、自分を卑下するために言っているのではありませんし、「得意分野以外は無能でいい」と開き直っているわけではありません。

　特別な才能がないと感じてきたからこそ、**進んで能力を磨いてきたという確固たる自負があり、同時に、能力の低い部分も自覚している。それを含めての自分だということを肯定的に捉えている**のです。そうして自分の強みと弱みを把握しているからこそ、自分のポジションを明確にすることができるのです。

ある医師の方を例に出すと、この方は自身の病院を経営する経営者でありながら、徹底した「現場主義者」。60代にしてなお手術を最大の生きがいにし、治療のための新たな医療技術を国際学会で発表し続け、世界で大きな評価を受けています。

この方の病院では一般的な病院よりもたくさんのスタッフがおり、そのスタッフが中心となって患者さんとコミュニケーションを密に取ります。彼らが医師との橋渡しとして活躍しているのです。その結果、自身は最大の強みである手術に集中できる体制を整えている、というわけです。

また、こんな例もあります。

ある漫画家の方は、大学を中退後、20代半ばから突然漫画家を目指したという異色の経歴の持ち主。下地がまったくなかったにもかかわらず、数年後には大手少年誌で連載を持つようになりました。いわく、

「絵のほうは、1万ページ描けば誰でもうまくなるんです。問題は、内容ですよね。自分は、学生時代は遊びまくってそれで卒業できなくなったんですけど（笑）、日本一遊んだっていう自負があったんですよね。他の漫画家志望者を見たときに、自分は漫画についての知識は弱いけど、別の経験に人生を捧げてきた、これが強みになるんじゃないかなと

思ってやってきました」

とのこと。実際この方は巧みな人間描写で代表作を生み、漫画家の中でも異彩を放っています。

このように、ある業界・ある組織では自分の強みが通用しなくても、フィールドを変えることで発揮できたり、あるいは弱みに見えていたことが強みになったりするのです。

自分の強みを最大限引きだすにはどんな働き方がよいのか。できる人たちは、学びを続けていく中で働き方を変えていきます。

できる人が強みも弱みも知っているのは・・・

両方を把握することで、強みを真に発揮する戦い方や場所が選べるから

できる人は、世のため人のための前に、自分のために働く

「ミッション経営」という言葉があります。これは、何のためにその組織が存在しているのか。誰のために、何を解決するために経営活動を行っているのか、事業・会社の理念を大切にしていこうという考え方です。

できる人たちの多くも、「なぜ働くのか」という問いに対して「世界の◯◯を変えるため」「□□の人を救うため」といった志を持っています。

そういう人は、もともと社会を変えたいという欲求が強いんだろう……そう思いきや、よくよく話を聞いてみると、彼らは**最初から社会のため、人のためと思って仕事をしていませんでした。**

むしろ、「これまで、世のため人のためなんて考えたこともありません。目の前のことにせいいっぱいで、最近ようやく自分がやりたいことができるようになってきました」と、数多の経験を経てきたベテランでさえ、そのように言うのです。

「そもそも、自分自身のことを理解していない人が本当に世の中のために働けるとは思えません。本当の意味で世の中を動かすには、影響力もいる。大きなお金もいる。利他の心がけは素晴らしいと思いますが、まずは自分を何者か知らなければ、結局何者にもなれないのではないでしょうか」という手厳しい意見も。

有名なマズローの「欲求階層説」では、人間は「生理的欲求」「安全欲求」「愛情欲求」「尊厳欲求」「自己実現欲求」と、一つひとつ段階を踏んでいくものだと言われています。食べたい・眠りたいという欲求から、安全に暮らしたい、愛情がほしい（誰かに受け入れられたい）、人に尊敬されたいという欲求にうつっていき、最後に「全身全霊をかけてやりたいこと」にたどり着くようになる、という理論です。

私が尊敬する経営者の一人で、聖人君子のような方がいるのですが、その方も自己実現ができていなかった時期はイライラしていて、自分の態度が原因で敵をつくってしまうことがあったと言います。

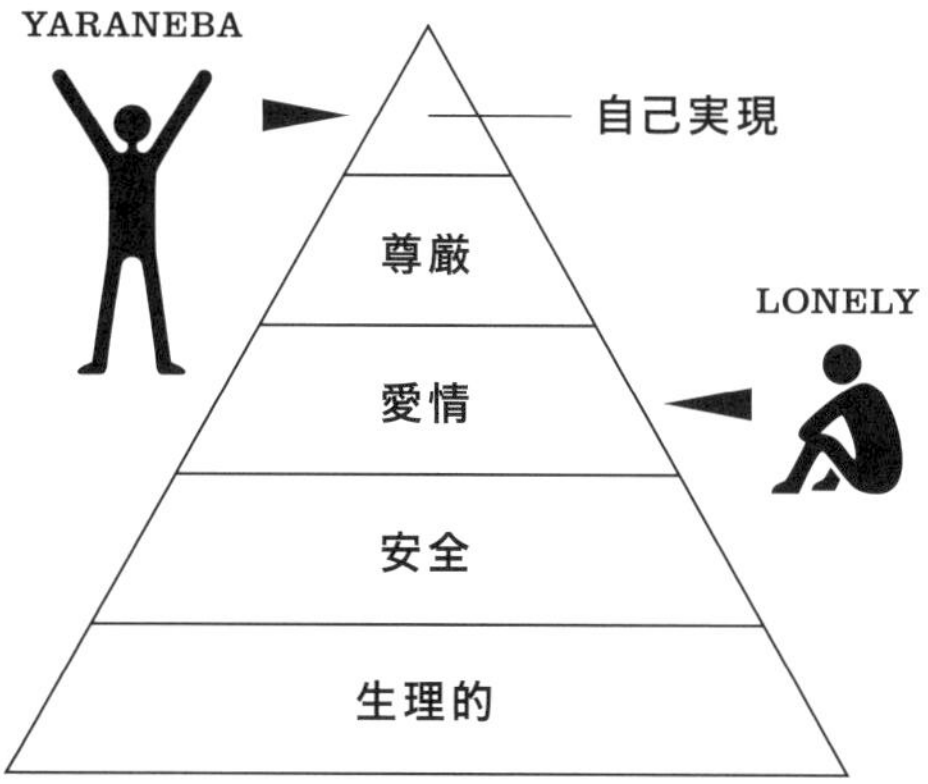

満たされていくことで、次の段階に進む

今は仏のような人でも、かつては精神的に未熟・不安定な時代もあった。

たくさんの方が、同じような経験をしています。

そんな実感があるからこそ、みなさん厳しい意見を持っているのです。

インタビューの中では、「やりたいことがないなら、無理に見つけなくたっていい」「たくさん働いて、いろんな経験をして、初めて自分の望んでいることがわかってくることもある」といった意見も出てきました。

また、「社会を変えようという大層なことはなくて、家族や身内を幸せにできればと思って、それくらいの気持ちで働いていいます」という人も。

必ずしも、働く目的は大きなものではなく、つまりは「**どこに向かうことが自分にとって自然で、無理がないか。満足できるか**」ということなのです。その意味では、ライフステージなどによっても実現したいことは変わってくるのでしょう。

アメリカや中国で学校を経営されている方は、もともと金融業界出身だったのですが、ご自身の子どもができたことで教育業界に転職。子どもに多くの選択肢を持ってほしいとアメリカに移住し、子どものために学校を始めたと言います。この学校は、今や世界中のセレブリティが集まる人気校となっています。

目の前の課題を解決しようと始めたことが、結果的に世の中に大きなインパクトを与えていく……そのようなパターンはいくらでもあるのです。

とはいえ、今の時代は情報が多く、「こうすべき」「それはダメ」……と、意見や指標がありすぎます。私自身、大学の教え子たちと接していると、自分の意志で何かを選ぶということが実に難しいようで、「やりたいことがわからない」ことに悩んでいます。

あるアパレル経営者の言葉を借りると「本当にやりたいことをするには、自分よりも先にいっている人、詳しい人にどんどん食らいついていって、教えてもらうことです。一人で考えてもわからないことは、人に学ぶのが一番です」。

悩みがあるなら、よりレベルの上の人に聞いてみる。「そんな認識では甘い」と叱咤されることもあるでしょうし、「そんなことで悩んでるのか」と笑われることもあるでしょう。しかし、その一つひとつの学びは、必ず糧となって逆境から救いだしてくれるヒントになります。

学びとは、一生続くものであり、人生に起こる出来事のすべてが学びである。できる人は、みなさんこのように考えられています。

できる人がまず自分のために働くのは・・・

結局、自分を満たせなければ
いい仕事はできないと知っているから

できる人たちが学んでよかったと思うもの

◦会計（簿記）の知識

◦英語力（特に話す力）

◦プログラミング（技術担当の人と話をするため）

◦合コン（コミュニケーション力の向上に非常に役立った）

◦言葉づかい（表現力も含む）

◦目上の方との接し方

◦お酒の飲み方

◦おいしいお店のリサーチ（人をつなぐのに便利）

◦情報を整理してわかりやすくまとめる力

◦コピーライティング（フレーズ力が身についた）

◦能（先生が素晴らしい人だった）

◦茶道や花道（美的感覚が研ぎ澄まされる）

◦麻雀（年齢関係なくできるのでいい）

◦経営学（経営者の方）

◦日本史と地理（浅く広くでも知っておくと、何かと使える）

◦哲学や美術などの教養（同上）

2章

人生に起きるすべての経験に「意味づけ」している

できる人は、失敗談をノリノリで話す

今回インタビューを通してわかったのは、できる人たちは100%、大きな挫折を経験しているということです。輝かしい実績を残しているので、成功したことだけに目が行きがちですが、それ以上に多くの失敗談を持っていますし、みなさんがそれぞれ苦境に立ち、心が折れるような体験をされています。

ただし、できる人が違うのは、**数々の挫折や失敗の体験に「ポジティブな意味」を与えている**ことです。

ある研究者の方は、大学時代に文系の学部で学びますが、そこで就職活動に失敗します。この先、どうなるんだろうか……そう考えたとき、ふと子どもの頃に憧れていたロボットの開発がやりたいと、理系の大学に入り直したという経験を持っています。

そんな話を伺って、「最初から理系の大学に行っておけばよかったと思われますか？」

とたずねると、「いや、そうは思いません。自分の人生には必要な経験だったと思います。就職を失敗したということがきっかけで、子どもの頃の夢を思いだせたので」と即答されました。

もちろんこの方に限らず、誰に聞いても同じような反応が返ってきます。

「一度離婚を経験したので、今の伴侶と出会えた」

「会社が倒産したことで、本気で経営という仕事と向き合えるようになった」

「一度病気休養を経験したことで、自分の限界を知れた」

このように、一見するとネガティブな経験にポジティブな意味づけをしています。ネガティブな経験もネガティブなものとして認識していない。そのためか、ネガティブな体験ほど、みなさんノリノリで話すのも印象的でした。

たとえば、世界で活躍されたあるレーサーの方。この方は経営者の家に生まれたために幼少期は裕福な生活をしていたと言います。

しかし、あるとき会社が倒産し、自宅には借金取りが押しかけてきました。驚くことに、この借金取りは他の借金取りから家財を守るために家に住みついたと言うのです。しばらく借金取りと奇妙な同居生活を送り、その後は青空生活を経験……。

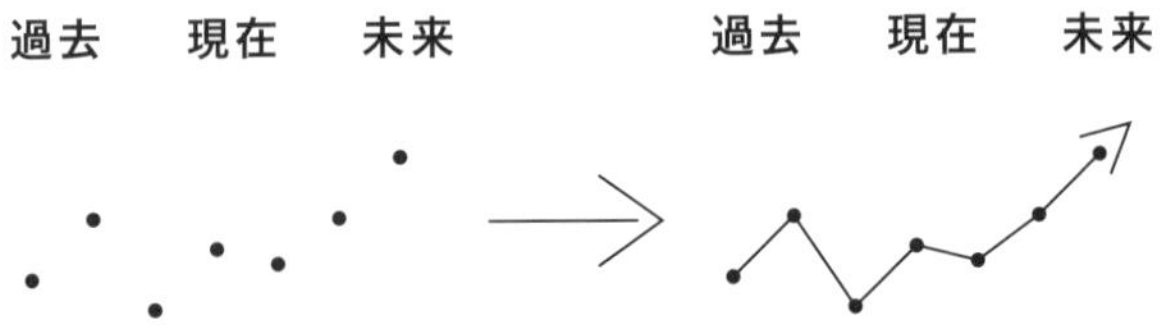

「おかげで、大抵のことはどうってことなくなりましたね（笑）」と笑いながら話します。

では、できる人はなぜこのように前向きな意味づけを行うのでしょうか？

そもそも人の記憶は、頭の中できれいに整理されているわけではありません。基本的には雑然としており、点（出来事）と点（出来事）がバラバラに存在している状態です。ところが、できる人たちは、人生の出来事をすべて1本の線で結んでいるような、そんな認識をされています。

失敗した事実だけに目を向けると、ショックですし悲しい、恥ずかしいという気持ちもあるでしょう。

多くの場合はその記憶にフタをしてしまうのですが、できる人たちは違います。

出来事を整理し、新たな解釈をしていくことで点と点をつなぎ、線にしていくのです。どんな経験も人生にとって意味があると考えていくことで、今はどんな状況に置かれているのか分析できます。そのため、苦境にあっても「どん底は希望である」「あとは上がっていくしかない」というポジティブさが生まれているようなのです。

なお、この整理の作業には「言語化する」ことがいいようです。インタビューの中でも「あ、そうか。すっかり忘れていましたけど、こんな体験も思いだしました。あの出来事も、今の自分につながっているんですよ」……などと、話しながら初めて思いだすことがあったり、思ってもみなかった解釈が生まれたりすることがあるようです。

過去を整理し、折り合いをつけ、今と未来につなげていく。できる人がポジティブで、失敗談すら楽しそうに話すのは、そんな習慣づけが理由のようです。

できる人が失敗談をノリノリで話せるのは・・・

過去・現在・未来を線で結んでいるから

できる人は、ただではやめない

できる人の多くは、「勤め人」を経験したあと独立の道を選んでいます。

では、どんなことを考えて勤め人になり、また独立の道を選んだのか？　ここでは、そんなインタビューを通して出てきた答えをご紹介します。

「なぜ、その会社を最初に選んだのですか？」

このように聞くと、その理由は、ほとんどの方が「たまたま」でした。

「そのとき人気があったから」「行きたい会社は別にあったけど、採用してくれたのはここだけだった」といったものが目立ちます。

何か明確な意図を持ってキャリアを選んだのかと思えば、そうではなかったのです。

もちろん、中には「大きな会社の仕組みを知っておきたかったので、大手に就職」「高い商品を売れる力があれば、どんな業界でも戦っていけると考えたので、高額な英語教材の販売会社に就職」という人もいました。こうした方々は、「経営をしたい」「お金を稼げるようになりたい」など、その後も明確な意図を持って独立の道を歩んでいます。

しかしながら、ほとんどの方は「たまたま」という趣旨の回答でした。
一方、会社をやめた理由はどうでしょうか。大きく分けて2つあります。
1つ目は、働くのがつらくなったから、というもの。主な原因は、次のとおりです。

- **仕事の内容が、思っていたのと違った**
- **事業部門が縮小したから**
- **解雇されたから**
- **人に使われるのが嫌になった**

もう1つの理由は、組織の理念や文化との不一致です。

- **お客様を重視していた会社が買収され、数字優先の社風になってしまったから**
- **外資系なのに年功序列の会社で、売上をガンガン上げていたのにそれに見合った評価を受けられなかったから**
- **新しい経営者との相性がよくなかったから**

……などこうしてみると、「案外ふつう」なのに驚きます。

入った理由は「たまたま」で、やめたのも「会社が嫌になったから」「会社が変わってしまったから」というもの。とある大手企業で役員を務めた方でも、退職理由を「先が見えてつらかったから」と言うのです。中には、「会社のことは嫌いではなかったが、本当に好きなものに出会ってしまったから」という方もいらっしゃいましたが、そんな人でも、「まぁ、正直飽きはありましたよね（笑）」と答えてくれました。

できる人は特別な精神構造をしているわけではなく、感じることはみな同じなのです。ただし、できる人が違うのは**やめるまでのプロセスで、「できることはやりきっている」「次につながるものを得ている」**ということです。

たとえばあるテレビ番組のプロデューサーを例にとると、「もともとは人気があるから就職しただけで、ADの仕事がつらすぎて逃げたこともあります。でも、番組を育てていくのはとてもおもしろくて、気づけば長居していました。最後は大切にしていた番組の打ち切りが決まり、それを機に退職を決めました」と言います。

このように、入ったのは「たまたま」でも、いつの間にか熱くなっているのです。

また、何度か転職を経験している人では、「3年で結果を出すと決めて、やれることをやってみる。でも、〝それで結果が出ないならしょうがない〟として、違う道を考えればいいと思ってやってきました。一生懸命やっていると、不思議なものでその後につながる縁ができるんです」そんなふうに語ってくれました。

よく、後ろ向きな理由で会社をやめてはいけないと言われたりしますが、こうしてみると、後ろ向きな理由でやめて大いに結構ではないでしょうか。

ただし、「転んでもただでは起き上がらない」と、与えられた環境で爪あとを残そうと踏ん張ったり、結果が出なかったとしても、その経験を新たなステージへのバネに変えたりする。できる人は、そんなふうにキャリアを積み上げています。

できる人がただではやめないのは・・・

どんな環境でも何かを吸収して、次のキャリアに活かしているから

できる人は、与える人になっていく

できる人とお会いすると、何の前ぶれもなく「こんなおもしろい人がいますよ」と人を紹介してくれたり、「ここだけ」といった感じのとっておきの情報を教えてくれたりします。そこに、何か見返りを求めようということはなく、ただただ親切なのです。

できる人は、自分の持っているものをシェアしていくことでよりよい縁、よいチャンスをつかんでいきます。

ですが、みな最初からそうだったわけではありません。**キャリアを積んでいくにつれて、与えられる人になっていったのです。**

ある方はかつて、「社員をいかに働かせるか、ということだけを考えていたんですが、そんなことをしていたら、信頼していた幹部社員たちがやめてしまった」と言います。

しかしその抜けた穴を、それまで頼りないと思っていた若手社員たちが埋めてくれて、会社はなんとか存続。そのおかげで、社員のみなさんに本当の意味で感謝できるようになったと言います。この出来事から10年、会社は上場の一歩手前まできています。

みなさん、このような体験を経て「価値観の転換」を経験しているのです。

他にも、「専門的なスキルだけでなく人間力が重要だと感じ、伸ばせるように努力した」「自分のためだけでなく、人のためになるキャリアを考えはじめた」「視野を広げたいと思い、マネジメントやビジネスの仕組みを学びはじめた」など、多くの人がそれまでとはまったく違う考え方や行動を始めています。

では、そのような**価値観の転換の背景に何があるかといえば、スランプや人生の落ち込みです。**たとえば、できる人たちに鬱などの病気経験者は少なくありません。人生のイベントや、働きすぎによるストレス、仕事での大きな失敗などを契機に会社を休んだり、やめてしまうというケースもありました。

できる人は特別ストレス耐性が強い、というわけではないのです。むしろ、責任感が強くまじめな人も多いので、その傾向は強いのかもしれません。

ただ、そのような葛藤を乗り越えたとき、「助けてくれた人に本当に感謝ができるようになった」「自分が人生に何を求めているのか（あるいは求めていないのか）わかった」

と言います。ある経営者の方は冗談交じりに、「病気になるって、ある意味では名誉の負傷じゃないですか（笑）。そのときはしんどいですけど、過ぎてみるといい勉強だったかなと思えるんですよね」とおっしゃっていました。

もちろん、そのような経験をした人ができる人になる、というわけではありません。ただ、彼らの生き方は人生にどんなことがあっても挽回することは可能である、という希望を与えてくれます。

人生の転機は、いい出来事ばかりが運んでくるのではないのです。むしろ、大変なときにこそ、人生のあり方を考えるチャンスが訪れます。

できる人が与える人になっていくのは・・・

大きな苦悩を乗り越え、価値観を転換させたから

できる人は、悩んでも絶望はしない

できる人には仕事上の悩みなどなさそうなものだと考えてしまいますが、実はそうではありません。「仕事ができるからこそ出てくる悩み」もあり、キャリアの段階ごとにきっちり新しい悩みを経験しており、その悩みが新たな人生の転機となっているのです。

では、どんな悩みがあるのでしょうか？

組織に所属することに限界を感じる

まず、もっとも多かったものが「組織に所属することに限界を感じる」です。

できる人の多くは、各々プレイヤーとしては優秀で、所属している組織やチームの中で出世をしていきます。

ところが、ある程度上の立場になって仕事の範囲が広がると、チームの一員として働いていたときは気にならなかった問題点が見えてくるようになるのです。

人材の問題や、業界や経営陣への問題意識、また、「先が見える」ことへの危機感など、このまま組織に所属していいのか、組織に所属し続けることが個人の幸福や成長につながるのか……といった悩みです。

そして、多くの人は転身し、独立して経営者や個人事業主になっていく、というパターンが多いのです。

独立しても、お金がない

では、独立した人は順風満帆なのかといえば、そうではありません。

まず独立してみなさんが苦労するのは、お金です。どんな人でも独立した最初の1～2年は赤字を経験しており、貯金が目減りしていく。目先のお金に困る。その中で、安定した収入を得るためのビジネスモデルをどうつくればよいか、と悩むのです。

最初に考えていたビジネスモデルがそのまま通用することは稀であり、みなさん、Aプラン、Bプラン、Cプランと計画を修正していきますが、それでもうまくいかない。結局、トライ・アンド・エラーを繰り返しながらプランD〜Eくらいで、ようやく安定してくる、という共通点があります。

本業ではお金が足りないので、副業をしていた、という人も多々おり、プレイヤーとしての能力だけでは自由に活躍できない、という現実を見せつけられているのです。

人に悩む

お金はなんとかなってきた、比較的順調だ、そんな人が直面する悩みが、人です。

本業に集中するためには、経理や総務などの裏方を担当してくれる人を見つけなければなりませんし、売上を拡大していくためにはより多くの人材を確保しないとならない。

その中で、多くの問題が生まれてくるのです。

意外なほど多くて驚いたのが「信頼していた部下に裏切られた」という話で、経理を任せていた人に横領された、という話が何例もありました。他にも、二人三脚でがんばってきた共同経営者がライバル会社に転職、部下が仲間を引き連れて別の会社を立ち上げた、などの体験談は事欠きません。

人材の話だけではなく、予期せぬところからの風評被害や事故、取引先とのトラブルなどの話もたくさん聞かれました。

自由になりたくて組織から独立したのに、思うように自分のやりたいことに集中できない……そんなジレンマが訪れるのです。

このように、できる人たちは悩み続けています。その中で、大きな出来事や出会いなどがきっかけで自分のあり方を見直し、成長の機会を得ていくのです。

ちなみにですが、「順調すぎると、それはそれでつらい」という話も聞かれました。

あまりにもうまくいき過ぎていると、失敗が怖くなって精神的な不安やプレッシャーを抱えたり、また、忙しくなりすぎて自分の時間がまったく持てない、というのです。

これに関しては「振り子の法則」という話をしてくれたコンサルタントの方がいました。いわく、

「世の中は振り子のようなもので、たとえば愛情深くかいがいしく世話を焼く人は、何かがきっかけで敵に回ると、ものすごく怖いですよね。同じように、仕事が順調であるほど家庭での時間は奪われる。売上がよすぎれば、翌年が大変になる（売上目標が高まり、組

織のひずみなどが生まれる)。そんなふうにバランスができているものなんですよ」と教えてくれました。

たしかに、**できる人だから悩みがないわけではなく、むしろできるからこそ多くの課題が出てくる**のは確かなようです。

「悩みとは、現状に問題意識があるから、成長を望むからこそ生まれるもの。希望の種なんですよ」と教えてくれた方がいましたが、そのとおりなのだと思います。

悩みは絶望すべきことではなく、希望の種である。できる人たちは、経験を通してそのように考えていくようになるようです。

できる人が悩んでも絶望しないのは・・・

幾多の経験を重ねていくことで、悩みは希望の種だと考えられるようになるから

できる人は、偶然の出来事を大切にする

こうしてあらためて見てみると、できる人は計画的にキャリアを積み重ねてきたのかといえば、決してそうではありません。

ほとんどの人が、「気づけばこうなっていた」ということばかりで、そこに緻密な計算はないことがわかります。

というよりも、話を伺えば伺うほど、**できる人には「こうしなければならない」というキャリアに対しての先入観がありません。**起きていることを受け入れている。言い換えると、偶然起きることをチャンスに変え、転機を迎えているのです。

大手の会社から50代後半でベンチャー企業の経営に参加した方がいます。

その方はある日、「若手の経営者があなたの業界に詳しい人を探しているらしいんですが、一度会っていただけませんか?」とお誘いを受けたそうです。

そして、軽い情報交換程度のつもりで雑談をしていたところ、その若手経営者から「一緒に会社をつくりませんか？」と誘われたのだそうです。

その誘いに、「いいですよ」と即答。それまで経営者になるとは考えもしていなかったにもかかわらず、新たなキャリアに進むことになりました。

このように、独立を考えている人に誘われたり、あるいは仕事相手である経営者と付き合いを深めたり、仕事以外の場面で人と交流しているうちに、思いもしなかった縁に恵まれ、まったく違う仕事を始めることがあるのです。

他にも、こんな例があります。

学生時代に喫茶店でアルバイトをしていたAさんは、アルバイト中、常連のお客さんに「君のコーヒーはおいしいね」と声をかけられたと言います。話をしてみると、そのお客さんは資産家らしく、「私の土地でいつかコーヒーのお店をやってくれないか？」という話になったそうです。

「ぜひ！」……と軽い気持ちで答えていたこともすっかり忘れて、数年後。Aさんは会社員として大活躍していました。

そんなある日、女性が訪ねてきました。聞くと、女性は例の常連のお客さんの奥様で、あのお客さんが亡くなってしまったということでした。

するど奥様は、「遺書であなたに、この土地でコーヒー店をやらせてほしいとあるんだけど……」とのこと。

Aさんはアルバイト時代のやり取りを思い出します。

そして出てきた答えが「あ、やります」でした。話を聞いていると、Aさんは会社員としても出世コースに乗っていたはずなのですが、あっさりと会社をやめます。

そして現在、Aさんはコーヒー店の経営者として、全国屈指の売上を誇る店に成長させているのです。

このように、人生にはふいに思いもしなかったような偶然が訪れます。そして、できる人は多くの場合、このような流れに「迷わず乗っている」のです。

スタンフォード大学の名誉教授ジョン・クランボルツ博士は、「計画的偶発性理論」というキャリア理論を唱えています。私たちのキャリアの8割は、予想もしていなかった偶発的なことで決まっていく。この「偶発性」に左右されることを、あらかじめ計画的に設計することで、キャリアをよりよくできるという理論です。

たしかにできる人たちは、思ってもみないことをおもしろがる余裕があります。**目の前**

のことは一生懸命にやるのですが、一方で、「別に楽しいことがあればそれもあり」というような、いい意味でのゆるさ・余裕があります。

この姿勢があるからこそ、新しい出会いも、新しい学びにも積極的になれるのだと考えられます。

では、こうした偶然を上手にキャッチするにはどうすればよいのか？　これは、のちほど4章にも関連するテーマなので、詳しくはそちらでお伝えします。

できる人が偶然を大切にするのは・・・

予想外のことも「あり」と考えて、こうあらねばならない、という固定概念がないから

できる人の失敗談・転機

◦利益が出たら税金を納めないといけないことを理解しておらず、税務署がやってきて追徴課税を払うことに

◦大学院への進学申請手続きを忘れ（自動でいけると思っていた）、進学ができなくなる。結果、ベンチャー企業に就職。その後独立

◦若気の至りで借金を負う。一発逆転を狙って仲間と会社設立

◦一流企業に入社して調子に乗っていたらクビになり、ホストへ。しかし、ホストとしては売れず、追い込まれて会社を設立することに

◦仕事ばかりしていたら、愛想をつかされ家族が出て行ってしまう

◦本業が順調なのをいいことに、新規事業にばかり手をかけていたら、本業が傾き大変なことに

◦愛人をつくるなど派手に遊んでいたら、時代の流れから取り残され廃業。そこから再起をはかる

◦収入が大幅に増え、自分ばかりで使っていたら家族から反乱が勃発

3章

独自の「ルール」を決め、習慣化している

できる人は、小さな習慣を大切にする

できる人の共通点の3つ目は、何かしらのルールを決め、それを習慣として行っている、ということです。決めたルールを徹底していくことで、「意志力」や「マメさ」「時間の管理能力」などが身についていくのです。

このルールは、大別すると**「日々行っている小さな習慣」**と**「人生の局面を左右する大きなルール」**の2つに分けられます。

後者はのちの項目にゆずるとして、まずは「小さな習慣」について見ていきましょう。

小さな習慣は、「テレビは録画したものを倍速で観る」というごく身近なものから、毎日5～6人に必ず会うと決めている営業マン、1日1万字以上書くと決めている作家、1日2時間読書をすると決めている経営者などなど、非常にストイックなルールを定めている人までさまざまです。

では、なぜこのようなルールを決めているのか？　あらためて考えてみたいと思います。

小さな習慣を実践する意味には、大きく分けると2つあり、

1　自分を磨くため
2　やる気や集中力を引きだすルーティンとして

が挙げられます。

自分を磨くため

1つ目の「自分を磨くため」とは、直接仕事に関わること、また一見関係ないことであっても、結果的に自身の能力やパフォーマンスを高めることにつながっている習慣です。

銀座の人気店のオーナーである美容師の方を例にとると、若い頃はカット練習をひたすらしていたと言います。

最初は恐るおそるお客さんの髪をカットしていたものの、毎晩お店が閉まってからも練

習を重ねていると、あるときから急にお客さんの髪をカットしたあとの姿が見えるようになり、そこからしばらくすると、今度はカットしてから1ヶ月後の姿も見えるようになったそうです。

ある行動を繰り返していくと、急に才能が開花したように、できるようになる。この感覚は、どの業界の人も経験をしています。

経営者であれば、日常の何気ない風景から新しいビジネスモデルが見えてくる。クリエイターであれば、企画書1行を見ただけで概要やポテンシャルを把握できる。営業であれば、誰が一番のキーマン（契約を取るための重要人物）か雰囲気でわかる……など、端から見ると天才的な特殊能力のようなものが身についていくのです。

ですが、これは決して特別なことではないと、多くのできる人が言います。

「自転車に乗れるようになった、みたいなものですよね。あ、仕事でも同じなんだ！ってわかった瞬間、すべてのことに通じるんだなと理解できました」

このように、できる人は、積み重ねの末に「できるようになる瞬間がくる」ことを意識的・無意識的に理解しているのです。

やる気や集中力を引きだすルーティンとして

ルールを設定する目的のもう1つは、「やる気や集中力を引きだすため」。いわゆるルーティンとしての習慣です。疲れているときは働きたくない。ラクをできるならラクをしたい。けれど、易きに流れないよう、背中を押すための習慣といえるでしょう。

一般的にもよく言われるような「シャワーを浴びる」「ストレッチをする」「コーヒーを淹れて飲む」などの習慣です。

1日のスタートやランチタイムのあとなどに意識的にすることが多いのが特徴です。

ある経営者の方は、毎日必ず朝5時に会社に行くと決め、何年も習慣化していると言います。強制的に場所や環境を整え、さぼる理由をなくしているそうです。

このルーティンに関しては、ある程度の遊びを持たせている人も多く、流行を取り入れたりいろいろ試しながら、という人が多いようです。

ちなみに、インタビュー中のこぼれ話として、睡眠はみなさんどのようにされているのか聞いてみました。

結果は、「あまり寝ない」派と、「どれだけ忙しくても毎日しっかり寝る」派の2つにきれいに分かれました。あまり寝ないという人は、体力がある人か、体質的にショートスリーパーである人。毎日しっかり寝る人は、「昔はショートスリープだったが、結局身体を壊したので寝るようにしている」という答えも多く聞かれました。

序章（37ページ）で例に出したＡＩの研究者の方が教えてくれたのですが、脳は睡眠中に情報処理の最適化（パソコンでいうとデフラグ）のようなことをしているそうです。その速度は人によってそれぞれらしく、自身の能力を理解した上で睡眠時間をコントロールすることがパフォーマンスを高める上で大切だということでした。

睡眠も含め、「自分に合ったルール」を見つけていくことがとても重要なのでしょう。

できる人が小さな習慣を大切にするのは・・・

積み重ねることの強さを理解しているから

うまくいっているときこそ、自分を律する

できる人のルールとは、日常の小さな習慣だけではありません。「この場合にはこうする（あるいはこうしない）」という、ある種の哲学のようなものを持ち、行動を決めるときの材料にしています。

その中でも興味深かったのが「うまくいっているとき」「うまくいかないとき」のルールです。好調・不調の波がある中で、その波をうまく乗りこなす手段を持っており、その真意はやはりみなさん共通しています。

ここではまず、物事が「うまくいっているとき」のルールについて見ていきましょう。うまくいっているときは、何を心がけているか。

その答えは驚くほど一致し、「**うまくいっているときこそ、自分を律するようにしている**」ということです。より簡単に言えば、調子に乗らないように節制した行動・態度を

取っているのです。

その理由は、**「人生はうまくいき続けることはない」「調子に乗ると失敗する」ということを、経験的に、感覚的に理解しているから**です。

ある経営者の方は、ブームが訪れる前からスノーボードの販売をしていました。そして、90年代ウィンタースポーツが大流行になったときのこと。ここぞとばかりに大量仕入れを行うのですが、大手スポーツ用品販売店も続々参入し、売上は激減。在庫過多で倒産寸前に追い込まれたことがあると言います。

また、もともと人気商売をされていた方は、「テレビや雑誌によく出ていたときは人がどんどん寄ってきて、自分は天才だと勘違いをしていた時期があります。ただ、ひとたび熱が冷めると誰もいなくなって、自分は神輿《みこし》に担がれていただけだったということがわかったんです」と言います。

このように、会社で事業が成功すれば欲をかきたくなります。また、活躍がメディアで紹介されたりすれば、チヤホヤされて謙虚さがなくなるでしょう。

そんな局面で、どれだけ冷静にいられるか。おごり高ぶらずにいられるか。それぞれが痛い経験をもとに、自分を律することを学んでいるのです。

では、具体的にどのようなルールで律しているのでしょうか。

共通したのは、「日常を変えないこと」。前項で紹介したような小さな習慣を守ることで、感情・態度・お金の使い方などをゼロベースに戻す、ということがあります。

あるビジネスマンの方の言葉を借りると、「我々の仕事は、準備を始めて半年〜1年後に成果が出ます。つまり、今調子がいい、結果が出ているのは半年前にやっていたことの結果なんです。そのことを忘れて今さぼると、半年後に地獄を見ることになるんですよね（笑）」とのこと。

これは、どんな仕事でも同じでしょう。ちょっとくらい羽目を外してもいいか。このちょっとが、いろいろな歯車を狂わせる原因になってしまうのです。

そこで、中には自分を強制的に律する仕組みをつくっている人もいます。

自分のスケジュールをすべて部下たちに任せて、「この依頼を引き受けると会社のためになる」と判断すれば空いている時間を埋められる、という仕組みです。

また別の方では、自分の銀行口座の預金残高と会社の預金残高、また個人のスケジュールを役員が見られる、というストイックなものも。

さらに珍しい例では、今の目標や意識していることを手紙に書き、自分に送る、という方もいました。「自分ではない自分から来る感じがよくて、戒めになるんです」と言います（ちゃんと切手を貼って、ポストに投函するそうです）。

このようにさまざまな取り組みをしながら、自分をうまく保つシステムを日々取り入れているのです。

裏返せば、調子のいいときに自分を律するということは、それほど難易度が高いものだということでしょう。調子に乗っていないか？　自分を見失っていないか？　自問自答を繰り返していかなければなりません。

うまくいっているときほど自分を律するのは・・・

調子に乗って失敗したことがある、
またそのような人を間近で見てきたから

うまくいかないときには、リスクを負わない

前項では、うまくいっているときのルールを見ましたが、では、うまくいっていないときのルールはどうでしょうか?

私たちは人のうまくいっている部分に目を向けがちですが、どんなできる人も、停滞期や調子が落ちる時期はやってきます。それを、どのようなスタンスで乗り越えているのでしょうか。

すべての答えに共通するのは、まずは自分のあり方を疑う、ということです。

いつもしていることは正しいのか、時代に合っているのか。この検証をさまざまな形で行います。

具体的なアクションとしては2パターンで、

・**「いつもしていることをもっとする」**
・**「いつもと違うことをする」**

です。

「いつもしていることをもっとする」とは、たとえばテレアポ営業を主体にしている人が「今月はいつもより電話の数が少なかった。来月は今月の倍、いろんな会社に電話をしてみよう」といった形で実行→改善のサイクルを回していくやり方です。

対して、「いつもと違うことをする」とは、「そもそもテレアポはどれくらい効果があるんだろう。電話よりもやるべきことがあるんじゃないか？」と別のやり方を試すことです。

どちらか一方ということはなく、この2つを同時に行う人もいます。

ある研究者の方は、うまくいかないと感じたら、海外のカンファレンスに参加したり、論文の読み書きの量をいつもより増やすそうです。またその一方で、ふだんはあまり行かない飲み会にどんどん参加したりして、違う刺激を得ると言います。

このようにして自分のあり方を問い、微調整していくのです。

さらにこのとき、共通している考え方として**「うまくいっていないときは、大きなリス**

クを負わない」ことが挙げられます。

経営者でいえば、「本業が苦しいので新規事業の立ち上げ」といったことはできるだけしないようにしているのです。

「以前は、何がうまくいかないのかと会議の数を増やして、何か一発逆転できるようなことを考えようとしていましたが、そこで出てきた案はうまくいきませんし、その会議自体が非常に非効率です。うまくいっていないときは事業の本質に対する考え方であったり、社内の状態など、基本ができていないことが多いんですよ」

とは、あるベテラン経営者の言葉です。

うまくいっていないときにリスクを負うとは、たとえるなら借金をしている人がギャンブルでお金を返そうとしているようなものです。

仕事のやり方も同じで、わかりやすい大きな変化を求める前に、自身のあり方を見つめてみて、思い違いや、見て見ぬふりをしている部分はないか、その痛い部分を見つけることが必要だそうです。

そのために、今していることをさらに強化したり、あるいはまったく別の行動をして「それまでなかった視点」を手に入れます。

その点では、「うまくいかないときにやらないこと」として「怒らないこと」を挙げている人もいました。

そもそも、うまくいかないことが当然だと考えて、なるべく感情をおさえていくことで、ある日パッと解決策が出てくることもあると言います。

耐える時間は、誰にとってもつらいものです。しかし、これを学びの機会と捉えるか、最悪のピンチと捉えるか。ここに、できる人への道とそうでない道との大きな分かれ道があるのかもしれません。

うまくいっていないとき、リスクを負わないのは・・・

修正すべき点は、基本の部分にある場合が多いから

できる人は、リスケしない

ここでは、できる人の時間感覚に関するルールを紹介しましょう。彼らの時間感覚がよくあらわれるのが、メールなどの連絡です。

できる人は、メールの返信が早い。

よく言われることですが、これは実際にやり取りを通して非常に共感しました。みなさん本当にレスポンスがマメで、話がまとまるのも早いのです。

では、なぜ返信が早いのでしょうか？　話を伺っていると、実にさまざまな理由やルールが挙がってきたのですが、ここでは特に共通項の多かったものを3つ挙げます。

できる人の返信が早い3つの理由

なぜ、できる人はメールの返信が早いのか？

1つ目は、やはり「時間の重要性を理解しているから」です。

できる人は、やりたいことの他にやらなければいけないことが山積しています。その中で、時間がいかに貴重なものであるかを心底感じています。

時間はかけがえのないものだと肌で感じているからこそ、他の人の時間も大切にしようと考えているのです。

メールの返信に限らず、「決断を先送りしない」「約束の時間の10分前には必ず到着するようにしている」など、相手を待たせないためのルールも設けています。

2つ目の理由は、「インプットからアウトプットまでが早いから」です。

日常的に多くの情報を処理しているので、受信から返信までの処理能力が高く、込み入った内容でも、「あとでじっくり考えよう」と悩むことが少ないのです。

3つ目の理由は、「悩みたくないから」です。

どんなに小さな連絡への返信でも、やらないで残っている案件があると気になってしまいます。脳のワーキングメモリには限りがありますから、より大切なことに集中するために小さなことは早めに処理してしまうのです。

ただし、例外もあります。「返信を早くする」こともルールですが、同じく「こういうときは返信をしない」というルールを持っている人もいます。

これは特に、クリエイティブな仕事や研究職など、自分だけの世界に没入して仕事をしている人に多く聞かれました。この期間（時間）は携帯電話の電源を切る、という人もいますし、いつもは即レスでも、夜にお酒を飲んだ状態では返信しないという人もいました。また、重要でない案件は放っておくこともあるが、日程が絡むものだけはとにかく早く返信するようにしている、という人も。

回答はさまざまですが、その理由はみなさん明確で、人生においてどのように時間を使うのかしっかり決めているのです。

ドタキャンしていいような予定はそもそも入れない

また私自身の実感として本当に驚いたことがあります。

できる人たちは、一度決めた予定を絶対に変更しないのです。たくさんの方にインタビューをさせていただきましたが、直前でキャンセルやリスケジュールが入ることは一度もありませんでした。

これは、それだけ仕事を管理できているということであり、これだけを切り取ってみても、きちんとしているなぁ、という信頼感が高まります。

ある方いわく、「ドタキャンをするって、つまりはその人のことを軽く見ている、ということのあらわれなのかなと。だから、ドタキャンした人とは付き合わないっていう人は多いですよね」。

これは裏返すと、**ドタキャンやリスケジュールしてもいいような優先度の低い予定を入れないようにしている、**とも言えるかもしれません。

できる人は、このようなシビアな面も持ち合わせています。シビアな面を持っているからこそ、細かい部分がおろそかにならず、人の信頼を勝ち得ることができるのでしょう。

できる人がリスケしないのは・・・

時間の「重さ」を理解しており、人の時間も自分の時間も大事にしているから

できる人は、飲み会のルールを持っている

今回、さまざまなルールを聞いていく中でおもしろかったのが「飲み会」に関するものです。基本的に「飲み会に行く」という人は多く、そのルールを追究していくと、それぞれのハッキリとした考え方が見えてきたのです。

体調管理のルールや参加頻度など、さまざまな視点がありました。

体調管理のルール

ある業界でトップクラスの成績を挙げている営業マンの方は、ほぼ毎日飲み会の予定を入れるようにしていると言います。

毎日飲んでいて身体を壊さないのかと思いきや、この方が決めていたのが「必ず車で行

く」というルール。車で行くとお酒を飲まなくても済むので、体調をキープしながら参加できる、というわけです。

その他、インタビューで聞かれたのは次のようなルールでした。

- 「体型維持のために2時間以上は飲まない（モデルの方）」
- 「21時になったら帰宅する／二次会には参加しない」
- 「アルコールには口をつけない／2杯までと決めている」

飲み会は、ただの息抜きの場ではない

もう1つ興味深かったのが、どの飲み会に参加するのか（また、参加しないのか）、というルール。みなさん、明確に基準を持っているのです。たとえば、

- 「他に予定がない限り、人からの誘いは断らない」
- 「時期によって参加する・しないを決めている」

- 「特定の信頼する人が主催する飲み会には積極的に顔を出す」
- 「会費数千円の飲み会に数回行くのではなく、会費1万円など単価の高い飲み会に行く（より優秀な人に出会える確率が高いから）」
- 「同業者の集まりには基本的に行かない」

……などなど。たとえば「時期によって参加する・しないを決めている」のはアーティストや研究者の方々です。彼らは仕事に長く没頭しなければいけない時期になると、どれだけ飲み会が好きでも、誘いを断ることが増えるようです。

反対に、日頃はあまり好きではないけど、時期によっては参加するという方もいます。商品デザインをされている方は、基本的にアーティスト気質で、飲み会や食事の誘いは受けずに作品づくりに集中することが好きだそうです。

しかし、独立して一人でビジネスをしているので、自分が営業担当者でもあります。そのため、新作がある程度完成した時期に誘いがあったときは、宣伝がてら参加するようにしているそうです。

また、「特定の信頼できる人が主催の会には参加する」という方からはこんな意見が。

「飲み会にどんな人を呼ぶか、誰と誰をつなげるとおもしろいか。そういうセンスのある人って、人を見る目があるのでハズレがないんですよね。類は友を呼ぶといいますけど、いい人のまわりにはいい人が集まっていくイメージがあります」

この方は大手のIT企業で数々の事業やサービスを立ち上げてこられて、これまで飲み会がきっかけで生まれた仕事がいくつもあったと言います。

さらに、「同業者との飲み会には行かない」と答える人が多かったのも印象的でした。

「同業者との交流が多い業界ではあるんですが、私は基本的に行かないようにしています。というのも、同業で集まると業界の景気の話だったり、社内への不満やグチだったり、発展的な話がほとんど出てこないんですよね」

とは、ある業界の最前線に立っている方の言葉。

たしかに、**できる人は「同業者とは（必要以上に）つるまない」と答える方も多く、他業界に刺激を求めているようなのです。**

「その分野の最先端の知識を気軽に聞けるという意味では、独学するよりよっぽど効率がいいと思います」

「業界・分野が1つ違うだけで、持っている常識がまったく違うんですよね。この業界の人はこういう考え方をするんだとか、ちょっとしたことが勉強になります」

「飲み会って、ある意味その人の総合力が試される場だと思うんです。知識量、コミュニケーション力、頭の回転、あとは人間性や経験値。こんなおもしろい人がいるのかっていう経験は外の世界に出てみないとわかりません」

……などなど、できる人にとって飲み会とは単なる息抜きではなく、学びの場でもあるようです。もちろん、時には「心安らぐメンバーと」ということもあるのですが、いつも同じメンバーで、ということはありません。時間や目的意識を持って、新しい刺激を求めているのです。

できる人が飲み会のルールを持っているのは・・・

どんな行動にも目的や意思を持っており、飲み会も例外ではないから

できる人は、一人の時間をつくる

できる人に共通するルールとして、「孤独」な時間を大切にしていることがあります。

基本的には人とのコミュニケーションを楽しみ、飲み会の席などでも楽しそうにしている方ばかりなのですが、人と会うことを大切にするのと同じくらい孤独でいることも大切にしているのです。

寂しいから人と会うのではなく、理由があるから会う。同様に、孤独な時間を必要とする理由があるから、一人になる。そんな群れない強さを持っています。

では、なぜ孤独な時間が必要なのでしょうか。その理由は、大きく分けて2つあります。

1つは、「やりたいことをやるため」です。

日中の仕事というのは、自分がやりたいことばかりでなく「やらなければいけないこと」も多くなります。そのため、朝早く出社する、夜は早く帰る、週末は家族以外との予定は入れないなど、一人の時間を持って本当にやりたいことをしていくのです。

もう1つの理由は、「内省するため」です。

これは6章、7章のテーマにもなりますが、できる人は自分を客観視する能力が優れています。周囲や社会から自分がどう見られているか、どのような価値を期待されているのか、理解しているのです。

「自分のやりたいこと」という主観的な視点と、「周囲に求められていること」という客観的な視点、これを行き来・統合するには一人になることが欠かせません。

今やろうとしていることが周囲や社会の求めるところから離れていないか、よくない循環に入っていないか、といった点をチェックします。

お風呂に入っているときにふと考えるという人もいますし、思いきり身体を動かして頭の中を空っぽにする、瞑想の教室に通うようになった、という人などさまざまです。

ある経営者の方は、書道を習っています。礼状を書くことも多い、という理由もあるのですが、それ以上に「集中して書く」という個の時間を大切にするためだそうです。

また、ある料理人の方は、週1日はメニュー開発のためにお店をお休みにします。当然売上はその分下がるのですが、メニュー開発をし続けることで、お客さんを飽きさせず、競争の激しい飲食業界で25年も生き残っているのです。

ある公認会計士の方は、読書とランニングの時間を大切にしています。どんなに忙しくても欠かすことなく、この習慣によって「自分の中に新鮮な空気を入れる」ようにしているそうです。

このような習慣を見ていくと感じますが、できる人は精神的に自立しています。人との協調性も持っているし、一方で必要以上には付き合わない、大人の距離感のようなものを心得ているのです。

まわりの目に気づく繊細さがありながらも、気にしすぎて自分を見失うこともない。孤独を大切にしながらも、孤立することはしない。

このようなバランス感覚を支えるために、一人になる時間が重要なのです。

できる人が一人の時間をつくるのは・・・

やりたいことを見つめるため、
求められていることを把握するため

できる人は、成功を語らない

できる人は、コミュニケーションにも明確なルールを持っています。

特に共通したことが2つあり、1つが「誰かを批判するような攻撃的なことを言わないこと」。もう1つが「過去の実績をひけらかさないこと」でした。

できる人は、本当にネガティブなことを言いません。もちろん、笑い話として他人の話をする場合もあるのですが、誰も傷つかないような、全員が笑って盛り上がれるエピソードを選びます。

また、ビジネス上のライバルのことを批判したり、従業員や部下のグチを言ったり、といったこともほとんどありません。

これは偶然ではなく、日常から言葉に細心の注意を払ってきたからでしょう。

できる人は、当然ながら目立ちます。目立つので、人に評価をされます。言動の一つひとつが注目されやすいわけです。

つまり、**「自分の評価はコントロールできない」ということを心得ているので、自然と**

言動がポジティブなものになっていくのでしょう。

さらに言えば、できる人のまわりにはできる人が集まっていくので、できる人のあり方を自然と吸収していく、ということもあるでしょう。

若手のある経営者の方は、ほぼ毎日、1日2回の会食に行くそうです。

「誘ってくださる方は信頼できる方ばかりですし、その方が声をかけてくださるということは、何か意図があってのことだと思うんです。ですから、できるだけ行くようにしています」とのことで、実際にそうした出会いや会話の中から仕事が進展することも多いと言います。

また、日本人としては珍しくシリコンバレーでベンチャー企業を立ち上げられた方もこのように言います。

「出会いからビジネスに発展するケースが、こっちではとても多いですね。人も状況も、日本とは比較にならないほど激しく入れ替わっています。優秀なプログラマーや人を採用するためにも出会いは大切ですし、ある意味狭い世界でもあるので、トップのメンバーの動きや、どの分野が熱いのかは、優秀な人といればわかります。もちろん、ついていくのは本当にしんどいですけどね」

過去の成功談よりも、未来の話をする

また、2つ目の共通点が「過去の自慢話をしないこと」。

私が聞いても「当時は必死だったから、もうあんまり覚えてないんですよね」「失敗談はいくらでもあるんですけど（笑）」といった受け答えが多かったのも印象的です。みなさん、過去の成功体験の披露は基本的にしたがりません。

どうやらこれは**謙遜や計算ではなく、本当に記憶が薄れていたり、積極的に話す気がしないらしいのです。**というのも、できる人は今や未来のことをよく見ているので、過去のことに執着しません。

ある経営者の方は、「単純に毎日が忙しすぎるからですかね。もうすぐに忘れちゃいます」と言い、また、ある大手外資系コンサルタント会社のパートナーの方は「ここまでくるのが本当にしんどかったので、あまり思いだしたくないっていうのもあります（笑）」と言います。また、ベテラン経営者からはこんな意見が聞けました。

「私のときと今は時代も違いますし、自分と同じ苦労を若い人ができるかといえばそんな

こともないでしょうし。させたいとも思いません。だから、過去のことはできるだけ言わないようにしています」

このように、理由はさまざまですが過去の話を意識的にしないようにしているのです。

反対に、**できる人たちが話したがるのは、「今こんなことをやっているんだ」「今度これをやりたいんだよね」といった未来のトピックです。**喜々として語りだすその姿は、見ているこちらもワクワクするようなものがあります。

できる人にとって、人生のピークは過去ではなく、未来にあるのです。

できる人が成功を語らないのは・・・

人生のピークは過去ではなく、「これから」にあると考えているから

4章

「運」を大切にしている

できる人は、「運がよかった」と言う

できる人は、行動も人付き合いもまっすぐで、お話を伺っていてもハッキリとした物言いが多いです。ただ、そんな方々が、「含み」を持たせる発言をすることがあります。

それが、「どうして今のように成功したと思われますか？」という質問です。

その理由を尋ねると、多くの場合「たまたまです」「運がよかっただけです」といった答えが返ってきます。

不思議だなぁと掘り下げていくと、この「たまたま」「運がよかった」という言葉には、少し複雑なニュアンスがあることがわかりました。

ここにできる人の仕事のプロセスや結果に対するスタンスがあらわれているのです。

そもそも、「運」「たまたま」といった回答は本心なのでしょうか？

これは、本心であることにまず間違いありません。どれだけ人事を尽くしても、運が介在する余地があると考えているのです。

「成功するべくしてした」といった発言は真実ではないので、「たまたまです」や「運がよかっただけです」と答えざるをえません。

また、成功を収める過程で「運に恵まれた」と実感している方が多いのも事実で、偶然出会った人に、「こんなことを言われて……」とか、「こんな仕事をもらって……」といったことがきっかけになっていることも多いと言います。

しかしながら、できる人が四六時中開運する方法を考えているかといえば、そうではありません。

運も大事。でも、運だけでは決してないのです。 そもそもの前提として、「運に恵まれるだけのことをやってきた」という自負も持っています。

たとえば、もう少しでうまくいきそうなのに、資金がショートしてしまいそう……というタイミングで出資者があらわれたことで、なんとかうまくいった。

運が働くのは、このようなケースが多いのです。

日々の仕事でやれることはやっており、引き金・最後の決め手が運になっている、というニュアンスでしょうか。

ですから、「運だけが成功の理由」と受け取られると、それは少し違うので困る……といった思いが、「運がよかった」のニュアンスに含まれているのです。

「神仏に祈りを捧げていれば仕事はうまくいく」というようなスタンスの人は、当然ながら一人としていません。

1つ補足しておきたいのは、運について語るときのできる人たちの話し方です。

決して、「運だけと思われたら困る！（怒）」ではありません。「運だけと思われたら困るなあ……（笑）」といったニュアンスです。

彼らの持つ柔軟さと、謙虚さ、それがとてもよくわかる受け答えでした。

できる人が「運がよかった」と言うのは・・・

やれることはやっていても、最後の結果を運に左右される経験をしてきたから

できる人は、準備と思いきりで仕事に臨む

お伝えしたように、できる人は仕事や人生において「運」という概念をとても大切にしています。では反対に、「運以外に」何を大切にしているのでしょうか。

それは、「準備」と「思いきり」という要素に集約されます。ここに「運」という3つ目の要素が加わることで初めて、成功が生まれると考えているのです。

「出たとこ勝負」をしているできる人は、いない

まずは「準備」について。ビジネスでも、スポーツでも、研究でも、芸術分野でも、できる人は準備を整えてから戦いに挑みます。

事業なら、テストマーケティングやリサーチ。スポーツや音楽なら本番を想定した練習、

料理ならメニュー決めや素材の仕込み、といったようにどの業界でもできる人ほど入念に準備をしています。ギリギリまで勝率を高めるために試行錯誤を繰り返し、本番を迎える。「出たとこ勝負」は決してしないのです。

あるプロテニスプレイヤーの方に、「プロとアマチュアの一番の違いは何ですか?」と伺ってみたところ「それはボールへの入り方ですね」と教えてくれました。

ここでいうボールへの入り方というのは、ボールを打つ前の動作のことです。プロはボールを一定の場所で打てるようにするため足を動かして「あとはボールを叩くだけ」の状態に素早くする。その動作が、アマチュアとは比べものにならないくらい正確なのです。ギリギリのところでラリーを繰り返しているプロ選手だからこそ、一つひとつのショットの前の準備が大切ということなのです。

他にも、映像編集をする仕事の人であれば「期限いっぱいまで編集をし続ける」、作家であれば「何度も何度も、暗記するくらいまで読み直す」など、繰り返しの作業や細かいチェックを欠かさず、決して「これでいい」とは思わない。理想を追求する、そんなしつこさも準備に関わってきます。

そして、**このような綿密な準備を可能にするのが「思いきり」です。**

「小さな成功」ではなく、「大成功」には大きなチャレンジ、そのための潔い判断・膨大な準備が必要だと、多くのできる人が言っています。

たとえば技術革新の激しいＩＴの分野では、新しいサービスをつくるには常に3年後を見ていかなければならないと言います。

ところが、みな3年後の世界を見て新しいサービスのリリースを目指しているので、サービスがかぶることもある（早いもの勝ち）。さまざまな難関をクリアしたとしても、100個リリースして1つ当たれば儲けもの、そんな世界だそうです。

その中で勝ち抜いていくには、「これがいける！」という思いきりがないと、行動力が落ちていきます。誰よりも早く動き、チームを動かしていく。この思いきりがあるからこそ、爆発的な行動力が生まれていくのです。

ただし、できる人は冒険はしても、無謀なわけではありません。

無謀と言われるようなチャレンジの裏にも勝算を高めるための計画や仕掛けがあります。

また、もし失敗したとしてもカバーできる範囲内でリスクヘッジをしているのです。

たとえば、こんな例があります。

店舗経営をされているある方は、「内装・外観」にこだわり抜くことを売りにしていました。完全にリフォームをして、理想のお店をつくっていく、というスタイルです。ところが、リーマン・ショックによって資金繰りに行き詰まり、倒産寸前まで追い詰められました。このときの出来事を教訓に、戦略を変えたのです。

リフォームではなく、居抜き（内装などが前の契約者が使用したまま残っている状態）の物件を借り、その上で理想に近づける、という修正案を取り入れたことで経営は非常に安定したものになっています。

仮に失敗しても、なんとかなる範囲でリスクヘッジをしておく。そのように答えるできる人が多いのです。

人事を尽くして天命を待つ

このように、準備と思いきりと運をできる人は大切にしているのですが、インタビューをしている中では、「奇跡」としか言いようのないエピソードがいくつか聞かれました。その中でも印象的だったのがこんな話です。

元K－1ファイターの方（Bさん）はまだ知名度が低い頃、トレーナーから目標を聞かれたとき「Cさん（当時のトップファイター）と年末興行に戦って勝ちたい」と答えたそうです。

言葉にしたことで一気にイメージがわき、実際にその試合を想定したトレーニングを始めます。まだ6月の頃の話です。

いよいよ年末が近づき、トップファイターCさんの対戦相手が決まります。が、対戦相手は他の選手。Bさんには別の試合のオファーすらありませんでした。

ところが、「何かが起きるに違いない」と感じたBさんは、合宿まで行ってコンディションの調整を行いました。

すると、驚くべきことに試合直前に対戦相手がキャンセル。Bさんに試合のオファーが舞い込んできたのです。

そして当日、まだ無名に近かったBさんは番狂わせの勝利。これを機に一躍トップファイターとして認知されるようになりました。

できる人は、リスクヘッジできる範囲で挑戦するとお伝えしましたが、この方の場合、「失うものなど何もないのだから」というスタンスでぶつかっていった結果、大きな運を引き寄せました。

かなり特殊な例ですので、果たしてこのようなやり方が正しいか、また、再現性があるかといえばわからないのですが、できる人は、おおよそこのような奇跡的なエピソードを持っています。

必ずうまくいく、という思いきり、そしてそのための徹底した準備や執念が状況を変え、決定的なチャンスをもたらしてくれる。できる人はそのような体験をしてきたからこそ、「運」も「思いきり」も「準備」も大切にしているのです。

言い換えるのであれば、まさに「人事を尽くして天命を待つ」という言葉のとおりの状況まで持っていく。できる人は、そのようなスタンスで仕事に臨んでいます。

できる人が準備と思いきりを大切にしているのは・・・

成功を信じて徹底的に動くことで、
驚くようなことが起きると知っているから

できる人は、運のいい人と付き合う

できる人は運を大切にしている、と言いますが、そもそも運とは何なのか。どこから生まれてくるものなのでしょうか。その捉え方にも、興味深い共通点が見えてきました。

そもそも運は、大きく2つの種類に分けることができます。

1つは、一個人の範疇《はんちゅう》を超えた「大きな運」。たとえば、自然災害やリーマン・ショックのような金融危機など、社会をゆるがすような大規模なものです。

そしてもう1つは、「個人の持っている運」です。

「大きな運」については、「(事前にわかっていて防げるのであればそうするが) 起きることはもうしょうがない」というスタンスです。一方、「個人の持っている運」については行動次第で変わるものと考え、主体的に向き合っている人がほとんどなのです。

では、主体的に向き合うとは具体的にどういうことなのでしょうか。

「運を上げるために何かされていますか？」と聞くと、

「運のいい人と付き合うことですね」

驚くことに、8割方このような答えが返ってきます。

「私は運は人が持ってきてくれるものだと考えているので、相手に与える気持ちで日々を過ごしています。そうすると、自分を応援してくれる人が増えて、運の総量が増える気がするでしょう？（笑）」

「運が上がるかはわからないですけど、運がよさそうな人っているじゃないですか。そういう人と一緒にいると少なくとも運が下がることはなさそうかなって思いますし、何より気持ちいいですよね」

……などなど、細かい考え方の違いはあるのですが、「運のいい人」「運のよさそうな人」と行動する、ということにぶれはありません。

では、運がいい人とはどんな人なのかというと、

- **表情や言葉、空気感が明るい人**
- **誠実にがんばっていて、その努力が報われている人**

といった特徴を挙げています。これは、言い換えるとここまで述べてきた「できる人」の特徴でもあります。人としての「あり方」が美しく、「なんかいいなぁ」と思うような人たち、運のいい人とも近いようです。

たしかに私が勤めている大学でも、感謝ができる、お礼の手紙やメールを書ける、人と接するときには笑顔でいる……といったことができている学生は、大きなチャンスを得ています。まわりが自然と応援をしたくなるので、必然的にチャンスに恵まれていきます。

できる人というのは、そうした人をより厳しい目で選び、また人に選ばれるように研鑽《けんさん》を重ねているからこそ、よりよい循環に入っていけるのかもしれません。

できる人が運のいい人と付き合うのは・・・

げん担ぎとしてだけでなく、経験的に「できる人」であることが多いから

できる人は、ギャンブルをしない

運の話をしていると、「できる人はそもそも運が強そうだ」という気がしてきました。もしかしたら、ふだんから運がいいのではないか？

そこで、「ギャンブルはされますか？」と聞いてみました。すると、

「学生のときはパチンコ・競馬はしてましたけど、今はしてないですね。経営者仲間と麻雀を嗜《たしな》む程度です」

「宝くじを最後に買ったのは、いつだったかなぁ……」

「しないですね、もう仕事自体がギャンブルみたいなものですから（笑）」

など、みなさんそもそもギャンブルの類には基本的に興味がないようです。

ある商品企画を仕事にされている方は、

「期待値（統計学で確率的に算出した平均値のこと）を考えたら儲からないですよね、ギャンブルって。主催者にもかなりのお金が入るように設計されていますからね。ドキドキやワクワクする気持ちを得るためにはいいかもですけどね」

とのこと。中には、「ギャンブルは絶対にしません。運が逃げちゃう気がするから」と確固たる信念で答えた方もいました。

珍しいところでは、「投資すらしません」という方も。

ある程度の資産を築いている方なら資産運用はしているのだろうと思っていたのですが、その方は、「投資がうまくいくとビジネスに悪い影響が出てしまう気がする」そうです。

いったい、何がそうさせるのでしょうか？

それは突き詰めると、**「余計なことに力を使いたくないから」です。**

「変なところで運を使いたくない」「仕事以外のところで勝った・負けたを気に病みたくない」など、仕事に関係ないことができる余裕があったら、その分も仕事に打ち込みたい。一か八かのギャンブルに興じるのではなく、より確実性の高い分野で、自分の手足で結果を出したい。このような思考が働いているのです。

90年続く会社を経営している方は、こんなふうに言います。

「私たちの会社は、自分たちの直感が働かないところではあまり勝負したくないと言いますか、出ていかないようにしています。ちょっとした集まりなどで経営者の方々とお話をしていますと、本業が何なのかわからない人が結構います。そういう状態にはなりたくないということはありますし、その状態だと会社はあまり続かないと思っています」

このように、軸足をどこに置くかを明確にしており、やる・やらないをハッキリさせているのです。

中途半端に突っ込んでエネルギーを取られるくらいなら、最初からやらない。できる人の行動原理は、やはり徹底してシンプルになっています。

できる人がギャンブルをしないのは・・・

余計なところに力を使って一番大切なことに影響を出したくないから

できる人は、チャンスを逃さない

「チャンスの女神には前髪しかない」と言います。目の前を通り過ぎてからチャンスと気づいても、後ろ髪がないからつかめない。

できる人たちは、人生のあらゆる場面でチャンスをつかんでいます。

「もともと運がいいから」ではなく、どうもこのチャンスのつかみ方にもみなさん独自の行動指針があるようです。

では、チャンスをチャンスと気づくには、そして、チャンスを活かすことのできる自分でいるためには、何が必要なのでしょうか。

さまざまな回答を因数分解していくと、大まかに2つのポイントに分けられました。

ポイント1　ぼやっとした目標をいくつか置いておく

まず、1つ目のポイントにして最大の秘訣は、「未来に対するぼやっとした目標を置くこと」です。

なんともぼやっとした物言いですが、詳しく言うならば「ハッキリと形が決まっているわけではないけれど、いつかこんなことがしたいなぁ……というなんとなくの理想のようなもの」。つまり、未来に「こんなふうになっていたい」「こんなことをしてみたい」ということを意識の片隅に置いておくということです。

しかも、その意識は1つではありません。いくつかの目標を置いておきます。

そうすることで、何かの出来事に出合ったとき、ふと「そういえば、あれと結びつくかもしれない！」というひらめきが生まれやすくなるのです。

あるテクノロジー系の会社を経営している方は、毎日10紙の新聞を読むとのことでした。「新聞を眺めていると、自分たちが向かっていく姿が見えてくるんです」と言います。

自分たちがすべき事業・会社が向けていく意識などのヒントが俯瞰しやすくなるそうで、

世の中で起きていることと自分（そして会社）のあり方を切り離さない工夫のようです。

ポイント2　じっと待つのではなく、自分からアクションを起こしている

ポイントの2つ目。

それは、「待つのではなく、自分からつかみにいくこと」です。

人から何か与えられるのを待つのではなく、主体的に動いていく。シンプルですが、打席数を増やすことで必然的にチャンスにぶつかる確率が上がります。

とある上場企業の創業者の方（女性）を例にとると、その方は今ほど女性が社会進出していない30数年前に、40代で会社を立ち上げました。女性の起業どころか、女性がバリバリ働くということ自体が珍しい時代でしたから、時には心ない言葉を浴びせられたと言います。それでも大手企業に食い込んでいけたのが、「行ってみる、言ってみる、やってみる」というスタンスだったそうです。

「私は女だからとか、小さい会社だからとかそんなこと言わずに、まずは会いに行って、こんなことがしたいですと言ってみて、やってみて、うまくいかなかったらそこで反省す

ればいいのよ」とのこと。

実際にその馬力で、新規参入の難しい分野にもかかわらず大きな契約を次々と取っていかれました。

たしかに、できる人の中で一見「静的」に見える人でも、いざというときには動き、みなさんチャンスをつかみにいっているのです。

チャンスは、どんな局面にも潜んでいる

このような2つのポイントを見てきましたが、そもそもチャンスとは何でしょうか。

一般的にチャンスというと「今までどこにもなかった商品やサービスを思いついた」「行きたかった会社で中途採用が始まった」「有名人と知り合えた」「何億円にもなる商談が決まりそう」といったことを思い描くかもしれませんが、チャンスとは何もポジティブな出来事ばかりではありません。

たとえば、仕事での大きな失敗、病気やケガ、離婚危機などネガティブな出来事であることもあるのです。

チャンスとは、「自分自身のあり方を変える」きっかけでもあり、できる人は、そうしたネガティブな出来事から転機を迎えています。

痛い、苦しい経験をチャンスと思えるかどうか。できる人の話を聞いていると、そこを乗り越えていくことで、よりポジティブなチャンスに恵まれる、次のステージに行けた、という人が実に多いのです。

できる人がチャンスを逃さないのは・・・

いいことの中にも、悪いことの中にもチャンスを見つけているから

できる人の、運にまつわる行動

◦朝早く起きる／寝不足にしない／夜ふかしをしない

◦職場・自宅を整理整頓してきれいにする／トイレをきれいにする

◦服装、身なりをきれいにする（髪型も含め）／定期的に靴を磨いたり、靴磨きに行く／靴のかかとを踏まない

◦自分のお気に入りのアイテムを着る／服装に決まった色を入れる

◦発する言葉に気をつける／目下の人にも丁寧に接する／家族や身近な人を大切にする

◦約束の時間より余裕を持って行く

◦実現したいこと、やりたいことは言ってみる、書いてみる

◦身体のメンテナンス（マッサージに行くなど）を定期的にする／不規則な生活をしない（食事も含め）／太らない

◦神棚を置く／１年に一度伊勢神宮にお参りをする

◦こまめに連絡をする（報告など理由をつくって。連絡するとチャンスをもらえることが増えるとのこと）

◦運の悪そうな人、不平不満を言う人とは一緒にいない

◦浮かれない、調子に乗らない

5章

「試行錯誤」の末に新たな価値を生みだす

できる人は、トライ・アンド・エラーのうずをつくる

できる人の共通点5つ目は、既存のルールを破り、「新たな価値」を生みだすことです。その業界・世の中であたりまえになっていることからまったく違う価値観で商品やサービスを生みだし、成功していきます。端から見ると、それは「天才的なひらめき」であり、凡人にはおおよそマネできないもののように思えます。

ですが、実際にフタを開けてみると違うのです。**できる人は成功している数も多いけれど、それ以上にうまくいっていないことも多い。つまり、そもそもの打席数が多いのです。**

既存のルールを破るような天才的なひらめきは、天性の才能によって生まれたものではなく、膨大なトライ・アンド・エラーの繰り返しの中で培われてきたものなのです。

知的障害者の雇用を推進しているあるメーカーの経営者の方（Dさん）がいます。Dさんが経営されている会社は全従業員のうち、知的障害者の割合が70％を超え、主力として活躍しているのです。

この会社の知的障害者雇用は、偶然から始まりました。あるとき養護学校の先生がDさんのもとを訪ね、知的障害者の生徒たちが就職できないかと依頼があったのです。

これを受け、Dさんは期間限定で2人の生徒の就業体験を受け入れることにしました。そして就業体験が始まると、生徒2人は一生懸命に仕事に打ち込みます。すると、この熱心な姿を見た他の従業員たちから、「自分たちがめんどうを見るから2人を雇ってほしい」と懇願されたそうです。

前例のないことだったのでDさんは非常に悩みますが、結果的にこの2人を採用。ここから、世界的にも極めて珍しい取り組みが始まります。

たとえば、文字や数値では認識が十分にできない人もいるので、色を使って計量作業をするなど、生産ラインのいたるところで改善を繰り返し、障害者が主力となる工場をつくり上げていったのです。

他にも、ある大手企業で活躍されたエンジニアの方は、新しい技術を論文や新聞などで見つけるとすぐにその企業や大学、研究機関にアポイントを取って出かけます。その技術が自社で使えると判断すると、自分である程度のものをつくって事業部へ売り込みを行います。あの手この手で説得を試みた結果、多数のヒット商品を誕生させてきました。

また、アメリカの大手ＩＴ企業で働くマーケターの方は、マーケットでのテスト結果がすべてという厳しい環境の中で、高速のＰＤＣＡを回し20代で大活躍しています。

このようにできる人に共通する点としては、**天才的なアイデアをひらめく能力というよりも、突破口を見つけるまでトライ・アンド・エラーを繰り返すことができるエネルギーなのです。**これと決めたことには粘り強く、しつこく、あきらめが悪い。そのエネルギーは、たとえるなら「うず」のようです。周囲の人をどんどん巻き込んでいくことで、小さかったプロジェクトが大きなものとなり、最後には予想もしていなかった大成功となる。そんな体験をしている人が多いのです。

この、「予想もしていなかった」というのが１つのポイントであり、できる人がおごり高ぶらない理由なのかもしれません。

「うまくいくとは思っていたけれど、まさかこんな結果になるとは思っていませんでした」と、一大ブームを起こした商品やサービスの仕掛け人は口を揃えて言います。

うまくいくように始めた仕事だったけれど、気づけばコントロールの範疇《はんちゅう》を超えていた。なぜうまくいったのか分析はできるし、説明もできる。ノウハウにもある程度の再現性はある……が、それでも、100％再現はできない。そんなスタンスの方が多いのです。

つまり、**自分の成功を、完全に自分の手柄とは思っていないのです。**

だからこそ、常に新たなトライ・アンド・エラーができるのでしょう。

そんなスタンスの人は、小さな好調・不調の波はあれど、結果的にはどの時代でも活躍しています。

できる人がトライ・アンド・エラーを続けるのは・・・

何十回、何百回と試行錯誤していくことで確実に精度が高まることを知っているから

できる人は、与えられた条件や環境から革命を起こす

時代を変えるようなアイデアというと、自分とは縁遠い世界だ……と感じてしまいます。ところが、インタビューをしていると、革新的なアイデアというのは実は身近に潜んでいるものなのだと教えてもらいました。

数々のビジネスを手がけてきたコンサルタントの方はこう言います。

「前提として、人の考えるものはもうすでに世の中に存在していると思ったほうがいいんです。でも、それでもヒットしていないのには、理由がある。それを追求して、価値を逆転させる方法を考えるんです。そして、ダメなら潔く捨てる。この捨てたことは、またある瞬間でつながることがあるので、無意味になることはないんですよ」

この方は、量稽古を重ねていくうちにアイデアの「いける」「いけない」が判断できるようになっていき、より洗練したものになっていくと言います。**0から1を生みだすよう**

な「ないものねだり」のスタンスではなく、今あるものにしっかりと目を向けることで逆転の発想が生まれるそうです。

たしかに、消せるボールペン「フリクション」、画面をタッチして操作する「スマートフォン」、民泊サービスの「Airbnb（エアビーアンドビー）」など、「常識破り」と言われるような商品やサービスも、まったくのオリジナルというわけではありません。

すでに世の中にあるものをベースに、組み合わせやかけ合わせで独自性のあるものをつくりあげる。できる人は、そうして仕事をつくっているのです。

たとえば、東京のある立ち食い焼肉店。10人がやっと入る小さなスペースで、お肉を焼く七輪は2つだけ、主力の飲み物は日本酒、というお店です。

このような特殊な業態ながら、お店は「出会いのある焼肉屋」として大繁盛し、さらにこのお店の常連になった人だけが通えるお店をつくる……といった展開をしています。

なぜ、このようなお店にしたのか？

そのオーナーは、かつてはプロのボクサー。飲食店を開くことは決めていたそうですが、料理に関しては素人であり、開業資金も限られている。その状況を逆手に取るためのアイデアとして、「出会いのある焼肉店」に行き着いたと言います。

純粋な焼肉であれば調理技術はいらないし、肉を切るだけの調理スペースがあればいい。また、店が狭いからこそお客さん同士でコミュニケーションが生まれるので、自身がそのつなぎ役となればいい。

さらに、開店当時は店内に製氷機が置けず、定番のハイボールやサワーが出せない。それならば、と日本酒にこだわったそうです（今は日本酒以外も飲めるようになりました）。弱みを強みに変えた、まさに逆転のアイデアです。

また、ある不動産会社を例にすると、この会社では物件をすぐには紹介しません。まずはお客さんの話を詳しく聞き、お客さんの日々の生活シナリオを描くのだそうです。そのシナリオに自社の物件が合っていれば、初めて営業をします。

ですから、場合によってはお客さんの「これがいい」という要望に対しても「その物件はやめたほうがいいですね」とハッキリ伝えるそうです。

不動産のカウンセラーやコンサルタントといった感じですが、このスタイルを貫いたことによって、「この会社でしか不動産を買いたくない」というお客さんをたくさん抱えています。この時代、ユーザーはネットで好きな物件を見ることができる。だから、プロの不動産屋としての目利きをサービスに転換したわけです。

このように、できる人は与えられた条件や環境・今世の中にある課題などをもとに試行錯誤を繰り返し、その結果、新たな価値にたどり着いています。

「この環境では何もできない」「この条件では無理」といったことを言わず、あらゆる角度から考え、アイデアを取り入れ、独自性を生みだしています。

現在、あらゆる物事がボーダーレスになってきていますから、何がどこでつながるかわかりません。できる人はそれを知っているので、何気ない会話や日常の景色の中にも仕事のヒントを探しているのです。

できる人が与えられた条件や環境から革命を起こせるのは・・・

ないものではなく、
「目の前にあるもの」に注目することが
革新の本質だと知っているから

できる人は、同時並行で動く

できる人の行動の特徴として、じっとしていることが少なく、常に忙しくしていることがあります。複数の仕事を同時に抱えていたり、時間があればいろんな場所に出向いたり、同時並行で物事を進める方が多いようです。

たとえば、複数の会社を上場させた経験を持つ投資家の方は、常に多くのビジネスの種をまかれています。そのジャンルは幅広く、最近ではスマートフォン、人工知能、仮想通貨などもカバーされています。まわりに専門家の布陣をしき、常に最新の動向を吸収しているそうです。

興味深かったのは、ビジネスの種の数は常に一定数を保っているということ。常に新しいものを取り入れているのです。これは、**ある一定の確率でしかビジネスの種は開花しないことを嫌というほど知っているから、**と言います。

また別の例では、一見すると自身の事業と関係がないことでも、おもしろいと思ったことには顔を出し、日本中を飛び回っている方がいます。会いたいと思った人に5分でも時間があれば会うなど、そのアグレッシブな姿勢でチャンスをつかんでいます。

また、ある方は東京で社会保険労務士（社労士）の仕事をしながら、沖縄でブックカフェも経営されています。その理由は、自分のクライアントの会社に「働き方改革」を促すだけでなく、自身の「働き方改革」を実践するため。沖縄の人々と接する時間の中での新しい気づきが、社労士の仕事にも役立っていると言います。

このように同時並行で物事を進めるのは、何もビジネス畑の方に限った話ではありません。作家などのクリエイティブな職業でも、メインの仕事をしながらも常に新しいテーマを探して、さまざまな体験や実験をしているようです。

ある作家さんは、「体験していないことは否定しない」というスタンスで、流行しているもの・気になったものは一度試し、なぜ流行するのか・なぜ楽しいのか（あるいは楽しくないのか）などを分析し、創作に活かすと言います。

研究者の場合でもいくつかの研究を同時並行で進める人は多く、たとえばDNAの分子構造における共同発見者の一人として知られるジェームズ・デューイ・ワトソン博士（1962年にノーベル生理学・医学賞を受賞）は、同時に異なるテーマを研究し、いくつかの研究を行ったり来たりすることで、世紀の発見にたどり着きました。

このように、できる人の基本スタンスは「同時並行」になっています。

もちろん、1つのことに没頭する時間もありますが、平常運転のときには「いくつかの車輪を同時に回す」ことを習慣化しているようです。

同時にいくつかの活動をすることで、ビジネスで言えば何かがうまくいかなくてもカバーできるようなリスクヘッジとして機能しますし、何よりも**別々の領域の知識・体験が溜まっていくと、思ってもみなかった相乗効果が生まれることがある**、と言います。

仕事のアイデア、人との縁など、同時並行による化学変化が起きる。それがおもしろいのでしょう。できる人が忙しくしているのは、そのような理由があるのです。

できる人が同時並行で動くのは・・・

リスクヘッジとして、またアイデアや知識、人とつながることで化学変化が起きるから

できる人は、不満に目を向ける

そもそもですが、「できる人」はなぜ「できる人」と呼ばれるのでしょうか？

それは、まわりの人がそう評価をするからです。

仕事にも人生にも、常に他者がいます。どれだけ自分が努力をしていたとしても、いい仕事をしていると感じたとしても、まわりがどう評価するかで、残念ながら「できる」「できない」の線引きは変わってきてしまうのです。

できる人は、この現実と向き合っています。

ゆらぐことのない「自分の基準」を持ちながらも、同時に「他者の評価」にも目を向けて、現実的なところで落としどころをつけながら仕事をしているのです。

仕事に対して称賛の声もあれば、時には非難の声もある。これだ、と思ったものが思いの外《ほか》うまくいかない。そんなことはいくらでもあるのです。自分のやっていることは合っているのか、どこが合っていないのか、何が足りないのか。できる人は常に考えています。

では、このような修正の必要なプロセスにどう向き合うのでしょうか？

そもそもの前提として、**できる人たちは「向かい風はあってあたりまえ」だと考えています。**同じやり方で未来永劫うまくいくことなどない。世の中が変わるのだから、こちらも変化が必要である、という考え方です。

たとえばお客さんからのクレームや、チーム内や世間的な評判など、他者が存在する以上、それらの問題は避けることはできないと考えています。

不満の中にこそ、イノベーションの種があると考える

嫌なことにはフタをしたくなるのが人情ですが、できる人の多くは、あえてそこに目を向け、「どうしてそんなことを言うのだろうか?」と興味を持ち、観察します。

実際、不満から新しい商品のアイデアが生まれることもあります。

たとえば、「子どもを安心して乗せられる自転車がない」という母親たちの不満の声から生まれた商品があります。この要望に向き合ったのは、あるメーカー。

この声をもとに電動アシスト自転車の開発を行い、径の小さいタイヤを採用し低重心にして軽量化を図り、緩やかにこぎ出せるモーターで取り回し性も高めました。これらの工

夫の積み上げで、大ヒット商品になりました。

ユニークなところでは、人々の不満を1件10円で買い取り、それを整理して、企業に売るという会社も登場しています。

不満にこそ、イノベーションの種がある。できる人は、そのことを知っているのです。

また、あるクリエイターの方はこう言います。

「アマゾンなんかの評価は、全部目を通します。ただ人を傷つけたいだけの人の意見と、その作品を思っている人の意見は見てわかるじゃないですか。しんらつでも、愛情のある意見は参考になります」

このように、**批判に一喜一憂するのではなく、「本質的な問題点はどこか」を探っているのです。**そして、それは改善したほうがよいのか、どう次に活かすか、必要なことを取捨選択していきます。

信頼を勝ち取るために、近道はない

また、向かい風は外部からのものだけではなく、内部から起きることもあります。

インタビューをしていて顕著だったのは、2代目、3代目経営者の方々です。

ある経営者の方は、3代目社長。この会社はある業界でトップシェアの企業なのですが、入社時には四面楚歌の状況だったそうです。

「3代目のボンボン」として見られ、コミュニケーションがうまくいかない。

そんな中、社内で最初に行った仕事が基幹ソフト（会計などの業務処理を行うシステム）の設計でした。

その方は文系出身で、ITの開発経験はまったくありません。時間をかけながらコツコツと取り組み、「どうしたら使いやすいシステムになるか」と、社内のさまざまな部署の人とコミュニケーションを取る。その過程で徐々にまわりの目も変わり、システムが完成する頃にはすっかり溶け込むことができたと言います。

別の2代目経営者の方は、営業をしていたときに他の社員の3倍のノルマを創業者に課せられました。次期経営者としての力量を見せるためとして与えられた厳しい試練です。

また別の例では、やはり入社時には社員から冷たい目で見られていたものの、海外市場の開拓や法務の強化など、従来の会社が苦手分野としていたものを自身が学び、取り入れていくことで信頼を勝ち取っていった方もいます。

今は、いずれの方も優れた2代目、3代目経営者として会社を切り盛りしています。

このように、状況をいっぺんには変えることはできませんが、コツコツと地道に積み重ね、味方を増やしていくのです。

そこに魔法のようなものはなく、あるのは地道な改善の日々。しかし、この地道なことを続けていくことで仕事への忍耐力が生まれ、ちょっとしたことではへこたれない強さを獲得していくのです。

さらに言うなら、周囲の人が批判の目を向けるのは当然。それは仕方のないことだと割り切って、自分が試されているときだと、やる気に火をつけていくのです。

できる人が不満に目を向けるのは・・・

他者の目線に成長や改善のヒントがあると考えているから

できる人は、価値を伝える

できる人は、「伝える」ことの重要性を理解しています。

いかに価値の高いことをしていたとしても、まわりの人がそれを理解してくれなければ、ビジネス的には失敗、単なる自己満足で終わってしまう。自分（たち）のしていることを多くの人に応援してもらわねば、本当の価値は生まれない。そこで、必然的に伝えることの重要性に気づいていくのです。

超高級時計を販売するやり手のディストリビューター（販売代理店）の方がいます。

この方の販売する時計の値段は、高いもので1千万円以上。高級車が買えるほどの価格です。

「どうしたら売れるんですか？」と聞くと、その時計の持つ価値を一つひとつ、丁寧に伝えるのだと言います。

ヨーロッパで長年愛されてきたブランドであること、そのブランドの意味、搭載されている時計技術の高さ、さらには医療などのさまざまな先端分野技術と融合された時計であることなどなど。そうして丁寧に伝えていくことで、初めてその時計に本当の価値が宿るのだと言います。

一方、このように商品やサービスだけでなく、「自分自身」の価値も伝えているという方がいます。

ある外資系の保険会社で働く方は、こう言います。

「保険をただ売るだけでなく、その人の一生をサポートすることが、私がお客様に提供する価値です。実際のところ、保険商品にそこまで大きな差はないんですよ。だから、何を買うかだけでなく、誰から買うかが大事だと思っていて、保険を売ったら終わりではなく、お客様と接点を持ちながら、お客様のライフステージや状況に合った提案をする。営業とお客様というところを超えた部分に、本当の価値が生まれるのかなと思っています」

価値を伝えるというのは、言葉だけの話ではありません。行動によって、その価値を伝えることもできるのです。

たとえば、300人あまりの従業員を抱える経営者の方。この方は、すべての従業員とコミュニケーションを取るため、複数の事業所に足しげく通っています。

そこで、社員一人ひとりがどんな意見を持っているかを聞いて回り、同時に、その社員がどんな価値を持っているか対話をするのだそうです。

この方にお話を聞いた際、とても印象的だったのが「私より社員のことを考えている経営者の方はそうはいないと思いますよ（笑）」と笑顔で話してくださった姿でした。

文化的に「多くを語らない美徳」もあるかもしれませんが、**選択肢があふれる世の中では、「語らなければ伝わらない価値」が多々ある**のかもしれません。

「口ベタですから」というできる人たちも、アピールするときには喜々として自身の仕事の価値を語っています。

できる人が価値を伝えることを大切にしているのは・・・

人は伝えること、伝えられることによって
商品・サービス、ひいては
自身の価値に初めて気づくから

6章

明確な「判断基準」を持ち、不必要なことはやらない

できる人は、「過去に戻りたい」と言わない

できる人は、自らの決めた確固たる判断基準を持っています。

特に、「やらないこと」に対する線引きがしっかりしており、自分に不必要だと感じることには一切手を出しません。

ただし、それはネガティブな動機ではなく、人生をかけて「やる」と決めていることに集中するための、ポジティブな判断です。

このような姿勢が端的にあらわれるものとして、ある質問への回答があります。

それが、「過去（学生時代など）に戻りたいと思いますか？」という質問。

できる人は、この質問に「ノー」と答えます。

学生のときにもっと遊んでおけばよかったとか、こんな勉強をしておけばよかったとか、そうしたことを言いません。

「昔に戻ったら？　いやぁ困るなあ」といった答え方をされる人が多いのです。

これは、「今の状態にある程度満足しているから」という理由もあるのですが、それ以上に**「二度と同じ思いをしたくない」**、**また「同じような人生を送れる自信がない」**といった要因があります。

経験してきた挫折や成功体験、人との出会いから飛躍したことなど、偶然の積み重ねでキャリアができたと感じているからです。やり直したところで、そんな奇跡がまた起きるとは限らない……と考えているので、このような答え方になるのでしょう。

また、中には**やることはもうやりきったので、今は別の分野で人生を楽しみたい。**そんな人もいます。

たとえば、ある大手企業で一社員から必死で働き社長までのぼり詰めた方は、40代後半という若さで禅僧に転身。今は坐禅指導や講演会、執筆活動をされています。とても温和な方で、独特の世界観と言葉が人を惹きつけます。

また、歯科医院の多店舗経営で成功した歯科医の方は、50代という若さで医院を他の先生に譲り、自身でコーチングやコンサルタントを行う会社を立ち上げました。

お二方ともすでに十分すぎるほどの実績や社会的な地位を持っているにもかかわらず、

新たなチャレンジをしています。

なぜこのようなことができるのでしょうか？

共通するのは、やはり過去ではなく未来を見ているから、ということでしょう。力点を未来に置くことで、「過去にできなかったこと」に執着する必要がなくなるのです。

この基本姿勢があるからこそ、より判断基準が明確になっていき、誰かとの比較ではなく自分自身の基準で仕事・人生を歩んでいけるのでしょう。


できる人が「過去に戻りたい」と言わないのは・・・

過去にできなかったことより、「これから」やることを考えているから

できる人は、できる人を呼ぶ

できる人は、やらないことを決めている。その判断基準をよく反映していると感じたのが人に対する考え方です。

インタビューをしてきて、「できる人のまわりにはできる人が集まる」ということがよくわかりました。

できる人が付き合うのはできる人であり、互いの輪を広げながら、新たな関係性・仕事につながるチャンスを増やしているのです。

では、できる人は、どんな人をできる人だと感じ、付き合っているのでしょうか？

できる人が考える、信頼できる人とは

「信頼できると感じるのはどんな人ですか？」と質問をしてみました。すると、

- 「言行一致の人」
- 「時間や予定、約束を守る人」
- 「どんな人にも丁寧に接する人」
- 「仕事に対して真摯な人」
- 「失敗したときに人のせいにしたり、言い訳をしたりしない人」
- 「たくさんの経験をしている人」
- 「どんどんアウトプットする人」

といった答えが返ってきました。

できる人が考える、優秀な人とは

また、「どんな人が優秀だと思うか」という質問では次のような回答になりました。

- 「連絡に対する返事などの反応が早い人」

●「準備がしっかりできる人」
●「期限前に途中経過の形をある程度でも見せてくれる人」
●「何かをずっと貫いていると感じる人」
●「地位などにとらわれず他者のことをフラットに見ている人」
●「話がおもしろくワクワクさせてくれる人」
●「野心がある人」

その答えはさまざまだったのですが、大きな共通点としては3つ。**「自己責任の精神」「ポジティブであること」「何にもとづいて行動をしているか」**でした。

これらの要素から、付き合う人を判断しているのです。それぞれ見ていきましょう。

できる人は、言動と価値観の一貫性を見ている

1つ目の自己責任とは、「言い訳をしない」などにあらわれていますが、どんな結果が出たとしても、その責任はすべて自分にあると考える姿勢です。

他の人がミスをしたとしても、「その人に任せたのは自分だから」と考え、反対にいい結果が出たときは、周囲に対する感謝をします。

2つ目のポジティブさは、言動・表情の前向きさ。不満やグチではなく未来に対する前向きな話をしたい、有限である時間を有意義に過ごしたい、という考え方です。

そして、3つ目が何にもとづいて行動をしているか。その人がどんな価値観にもとづいて発言・行動をしているか、ということです。

発言や行動からだけではなく、その人の仕事のアウトプット（成果）もよく見られています。たとえば、クリエイターであれば何らかの作品や商品。経営者なら事業の内容などです。

20代で人材紹介の会社を起業して活躍している方は、「どの会社、どの人と仕事を一緒にするのかを判断するときは、その会社、その人が過去にしてきた仕事を見て判断します。そこで何か感じるものがないと、一緒に仕事をしてもしょうがない」と言います。

これは、自分と違うから悪い・同じだからいい、というわけではありません。違うなら違うなりに吸収をし、同じなら同じで意気投合するのです。

その人が何を重視しているのか、何を美しいと思っているのか、何に気をつけているのか。大事なのは、**日々の言動と、実際の仕事の内容との間に筋が通っているか**ということのようです。

この価値観の部分は今回インタビューをしていく中で、今まさに転換期を迎えている、という印象を持ちました。

これまでのように「売上・利益を出すために仕事がある」という画一的なものではなく、より柔軟な姿勢が求められているようなのです。

ここに課題としてぶつかっている人もいれば、すでに時代に合わせたスタイルで仕事をしている人もいます。こちらは、詳しくは「終章」で解説をしていきたいと思います。

できる人ができる人を呼ぶのは・・・

お互いの持つ価値観(生き方や仕事)に共感し、付き合うことで化学変化が起きるから

できる人は、目的のために仕事をする

目標を持つことは大事だと、よく言われます。

では、できる人たちはどんな目標を持っているのでしょうか？

「今、目標は何かありますか？」と尋ねると、「今年は○○ですね」とか、「直近では××をしたいと思っています」などなど。仕事の目標、プライベートの目標とさまざまです。

おもしろいのが、このように**目標は掲げるけれども、そこに激しく執着はしない、ということです。**

「会社員時代には部署異動がよくあったので、たとえば〝今年は営業成績1位を獲る〟〝このスキルをマスターする〟というように決めて、好き嫌いは別にしてとりあえずやってみる精神でしたね。もちろん、できないことも多々ありましたけど（笑）。でも不思議なもので、ある程度できるようになってくると、それなりに好きになってくるものです」

このように「最善は尽くすけれど、できなかったらそれはそれ」と、状況が変わればそれに応じた目標を立て、都度方向修正をしていくのです。

目標よりも、目的が大事

このようなスタンスの内側には、できる人の多くが「目標」ではなく「目的」を大切にしている点があります。

ここでいう「目的」とは**「こんな思いを実現したい」「こんな人を助けたい」「こんなふうになりたい（あるいはなりたくない）」といったもので、心の衝動・人間の核のようなもの**です。

ある経営者の方は、「数値目標だけ追い求めても社員はつらいだけですよ」と言います。会社組織として、もちろん売上目標はある。ただし、会社の目指す価値の実現（会社が存在する目的）にかなった活動をしていった結果であれば、達成できなかったとしても仕方ない、すべて経営者の責任である、というスタンスです。

また、変わったところでは「人を応援する」ことに人生をかけている方がいます。この方は、93年に開催されたサッカーワールドカップ（アジア地区最終予選）の「ドーハの悲劇」で、泣き崩れる選手の姿をテレビで観て「大変なことになっている、これは応援しなければ！」と、サッカー日本代表のサポーターとなったそうです。

応援のために世界中を飛び回り、サポーターを次々に増やし、今や日本でも有数のサポーターとなっています。それればかりか、最近ではエチオピアやネパールなどの貧困地域への支援活動、東北の被災地支援など、人に貢献する活動に突き進んでいます。

インタビューを通して感じたことは、意外にもできる人がハッキリとした「目的」を持つようになったのはキャリアの中盤や後半からの人が多いということです。

20代で持っている人は極めて稀で、みなさん経験をしながら、その経験の中で「こうありたい」「こうしたい」という目的を獲得していくようです。

しかも、それは**計画的に生まれるものではなく、「あるときふと生まれる」**と言います。

ある上場企業の役員の方は、元は大手広告代理店で勤務していたのですが、学生時代に家庭教師で教えていた女性のお兄さんから「仲間と会社をつくったんだけど、一緒にやってくれないかな？」という誘いを受けます。

そしてこの方は、メンバーと意気投合し、大手広告代理店を退職。ベンチャー企業のマーケティング担当として入社します。その後、資金力も十分でない中、数々のヒットCMをつくりだし、会社の上場を実現する立役者となりました。

このように、思ってもみなかった人との縁から新たなステージが始まる人もいれば、「ハッ」とするような商品やサービスに出会い、脱サラしてまったく別の業界で働く（起業する）、という場合もあります。

目的は、考えて生まれるものではない

一方で、こんな人もいます。

「本やテレビの番組で、大きい夢を持って働いている人がうらやましいなぁとずっと思っていました。自分も夢を持たなきゃ、といくつか考えてみたんですけど、やっぱりどこかしっくりこないんですよね。自分はそっち側の人じゃないのかなぁと悩んでました」

この方は、20代を商社で忙しく働き、30代になってフリーランスとなりました。

20代のときは「夢がないこと」を悩んでいたそうですが、最近になって自分の強みと弱み、やりたい仕事とやりたくない仕事、などの基準が明確になってきたそうです。「大き

い夢はなくても、一つひとつの仕事に意義は見出しながらやれるようになってきたので、これも人生の成長過程かなと楽しむことにしました」と語ってくれました。

さらに、40代の経営者の方からはこんな意見も。

「若いときは何にも考えてなかったですけど、転職したり、子どもが生まれたり。そういうイベントがあるときに価値観がパッと切り替わる瞬間ってあるじゃないですか。だから、志みたいなものって無理に持とうとしなくていいんだと思います」

この方がおっしゃるように、「何のために働くのか？」などと、まじめに考えすぎないほうがいいのかもしれません。

「大きい夢を持たねばいけない」とは考えず、興味のあることは何でもやればいい、ベテランのできる人たちはそのように言います。

こうしたインタビューを通して感じたのは、**目的とは、考えるものではなく、感じるものだということでしょうか。**

「これだ！」というものに出会えた瞬間、考えるよりも先に身体が動いている、なぜか涙が出てくる、そんな衝撃的な感覚・体験に襲われるのだと言います。

選択肢・情報の多い現代社会で、「これに人生を捧げたい」というものに出会えることは、本当にラッキーなことだと思います。

その目的に出会うためには、やはり日々の姿勢だと思います。ある教育者の方は、こう教えてくれました。

「簡単な道と、困難な道があったときには、困難なほうを進んで選ぶ。子どもでも大人でも、この習慣がある人は、どんな道に進んでも必ずうまくいきます」

これだ、という目的を見つけている人は、みなさん幾多の苦難を乗り越えながら、試行錯誤をしてきています。試行錯誤の中でチャンスが広がっていき、やがて人生の価値を一変させるような出来事・人との出会いを果たしているのです。


できる人が目的のために仕事をするのは・・・

目標はあくまでも表面的なもので、重要なのは目的であるから

できる人は、自分でやる気を出せる

前項は「目標」と「目的」の話をしましたが、できる人の働き方・生き方として顕著なのは、そのやる気の高さです。人のモチベーションは、大きくわけて3つ。

①未来や目的に向けて、自分でエンジンがかけられる人
②外部から刺激や理由（＝燃料）を与えられればエンジンのかかる人
③何をしてもなかなかエンジンのかからない人

できる人はみなさん①のタイプだと感じます。
なぜ、自分でエンジンをかけることができるのでしょうか？
話を聞いていくと、その要因は「目線の高さ」ではないかと感じました。

すでに述べているように、できる人は今の自分に決して満足はしていません。もっとこんなことがしたい、あんなこともしてみたい、といい意味でどん欲です。

たとえば、ある会社役員の方。年齢は30代ですが、会社役員をしながらビジネススクールで教壇に立っており、次は「大学教授」を目標にさまざまな活動をしています。

また、柔道選手として活躍し、日本一にまでなったある方は、引退後にメンタルトレーニングプログラムを開発し、それをさまざまな企業で実践しています。さらにそのかたわらで、子どもたちにも「夢をつかんでほしい！」と全国の小学校を飛び回って授業をされています。

その会社や業界で1番と言われる人であっても、「それはそれ」という感じで、自身の中ではより高みを目指しているのです。

これはやはり、**競争相手はまわりではなく、自分自身だから。自分への期待が高いからでしょう。**「自分はまだまだこんなものじゃない」と心底信じているからこそ、新たな目標・新たなステージに向けて邁進できるのです。

しかし話を聞いて驚いたのは、みなさん最初からそのように自信があるわけではなかったということです。

たとえば、30代で大手の会社から独立し、イベントのプロデュースなどを行っている方はこう言います。

「会社員時代はずっと不安でしたね。たぶん、組織の枠の中に入りすぎていたんです。会社から期待されることにどう応えるか、どんな評価を受けるか、その軸だけで仕事をしていたんだと思います。でも独立して、初めて仕事が楽しいなぁと思えるようになりました。同じ数字を追うでも、モチベーションが違いますね」

この方は、それまでの環境から飛びだすことで自分の本心に気づけたと言います。

他者から評価を受ける部分とは別に、自分自身の持つ基準に気づけたことで、一気にエンジンがかかる。このようなできる人も、たくさんいました。

できる人が自分でやる気を出せるのは・・・

自分に期待をしているから

できる人は、潔く捨てられる

できる人は、潔く捨てられる。これは、身のまわりの掃除ができるということではありません。

たとえば、仕事のアイデアなどを「これはダメだ」と思ったら潔く捨てられるのです。「せっかく考えたのに」「すでに時間も費用もかけているのに」「もう少しがまんしたら利益が出るかも……」といったことは、きっとなくはないはずなのですが、それでもあっさり捨てられます。

捨てることを躊躇しない理由は、大きく2つに分けられます。

執着よりも、手放すほうが効率がいい

1つは、「一発で正解が出るわけがない」ことを知っているからです。

仕事には、計画や実力だけではなく、時の運も必要。特に大きな成果を得ようとすれば、

不確定な要素も大きくなっていきます。自分たちでは完ぺきだと思っていても、それが受け入れてもらえないことはいくらでもあるのです。

「最終的に、価値があるかないかを決めるのは、お客さんである」。このことを前提としているので、1つのアイデアに固執するよりも、早めに違うアイデアを生むほうが効率的だと考えます。

実際、できる人たちはすさまじい量のアイデアを日々生みだしています。

インタビューの最中にも、「あ、すみません！　ちょっとメモ取らせてもらっていいですか？　いいことひらめいちゃって」など、ちょっとした会話をきっかけにアイデアがひらめき、メモを取ったりするのです。

そのような方もいれば、一方で「アイデアが出てきてもメモは取らない」という方もいます。その理由は、「寝て起きて忘れるほどのものだったら、それまでのものだと思っています」とのこと。

アイデアは決して特別なものではなく、日常にありふれたものである。そして、多かれ少なかれ修正を迫られるものである、と考えているので、必要以上に自分のアイデアを評価しないのです。

新しいものは、捨てることで入ってくる

なぜ潔く捨てられるのか。

もう1つの理由は、「捨てないと新しいものを入れられないと知っているから」です。

現代社会には、情報も働き方もスピード感が求められます。

この流れの中で一角の成果を出そうと思うと、物事に優先順位をつけないとなりません。あれも取っておいて、これも進めて、では時間もリソースも足りなくなってしまいます。

捨てないと、新しいことはできない。みなさん直感的・体験的にそう感じているようで、**「新しいものを手に入れるために捨てる」**ということをおっしゃいます。

「深呼吸をするときって、実は吸うよりも吐くことのほうが大事なんです。まずは溜まっているものを全部出す、そうしないと新しい新鮮な空気は入ってこないですよね。仕事ももちろん、日々の考え方も同じだと思います」

とは、幾多の有名企業の役員をコーチしている方の言葉です。

捨てたものは、ムダにならない

また、大切なのは、**「捨てたものが無意味になるわけではない」**という点です。

これはクリエイターの方の話で、

「ただの思いつきと、成立する企画には大きな違いがあって、パッと見これいいなと思っていても、具体的に詰めていくと、あれ、思ってたのと違う、ということはしょっちゅうあるんですよ。でも、一回捨てたアイデアでも、別のものと組み合わせると急に使えることが出てきます。それがわかってると、捨てることってぜんぜん怖くないんです」

正解を出すには、数限りないアイデアを組み合わせていくことしかない。1つの組み合わせがダメでも、別のことと組み合わせれば、よりよい答えが出せる。

つまり、捨てることは前進のためにも必要だという考え方です。

ある経営者の方にインタビューをさせていただいたときも、会社のホワイトボード一面にさまざまなアイデアの種がビッシリと書かれていました。

「このアイデアをどうされるんですか？」と聞いてみると、試すことすらしないものがほとんどで、どんどん捨ててしまうそうです。

アカデミックな世界でも同様で、業績を挙げている学者ほど研究を発表する前に自分でどんどんお蔵入りにしてしまうのです。ほぼ論文の形で完成しているアイデアでも平気で捨ててしまいます。

私自身学者になってみて、まわりの先生方が「こんなに捨てているのか」と心底驚いたものです。

「捨てることを躊躇しない理由」とは、「そのほうがうまくいくから」。できる人の生き方の哲学のようでもあります。

できる人が潔く捨てられるのは・・・

捨てることで新しく得るものがあると知っているから

できる人は、柔軟さと頑固さを使い分けている

できる人は、優しく親切な方ばかりです。「こんな実績があるのに」という人ほど、柔軟な姿勢を持っています。

たとえば、インタビューをさせていただいた方に私のゼミでお話ししてもらったり、学生と一緒にその方のオフィスに訪問させていただくこともあります。

私の勤める大学は、都心からは片道1時間ほど。講義を含めれば数時間、これをボランティアで受けてくださいます。

それだけでなく、とっても気さくに話してくださり、学生の質問に興味を持ち、ノリノリで答えてくださるのです。会社訪問をした際も、わざわざ人員を割いてまで会社の説明をしてくれたりします。

つくづく、素晴らしい方ばかりだと思います。

できる人の譲れない一線

しかしながら、**いつもそうして温和なのかといえば、そうではありません。頑として譲らない部分があり、強く主張し、激しく動く場面があるのです。**

かつて川崎市役所に勤め、「川崎モデル」という施策の中心人物だった方がいます。

川崎モデルとは、川崎市の職員が中心になって個々の企業の声を聞き、必要な企業、銀行、大学などを連携させたり、大企業・研究機関が持つ開放特許を企業に紹介したりし、企業の力を高め、結果的に町を活性化させていく、という仕組みです。

当初は、この仕組みは極めてイレギュラーで、「自治体が私企業を助けることなどありえない」と市役所内では反発され、企業側にも「役所が何をしてくれるんだ」と非協力的。

しかし、上司との話し合い、企業の現場に足を運ぶことなどを10年間やり続けて、ようやく実を結びます。その結果、全国の地方自治体の成功モデルとして知られるようになったのです。

……と、簡単に説明をしていますが、この10年は並大抵のことではありません。奇跡に近い取り組みだと感じます。

ところが、この中心人物の方はまるで仏様のよう。そのエネルギーがどこから出てくるのか不思議なくらいです。

当時の姿は想像するしかありませんが、きっと、まわりからすれば執拗《しつよう》とも言える粘り強さを持っていたに違いありません。

このような姿勢は違う業界にも見られます。

たとえば、あるイベントデザイナーの方を引き合いに出すと、この方はアメリカの本場で学ばれ、世界のセレブリティのイベントをプロデュースしています。

ふだんの性格は温厚そのものですが、イベントをプロデュースする際にはお客さんの立場に立ち、妥協は一切許しません。イベントをプロデュースする際にお花を使うことが多いのですが、その準備で使ったシンク（流し台）には水一滴も残さない徹底ぶりです。

また、ある日本料理人の方は、若くして老舗の日本料理店で副料理長を務めた方で、その人柄はやはり温和・謙虚・誠実。ところが料理の話になれば、飾り切りの1ミリの違いも許さない厳しい面を持っています。そこには、そうあるべき理由がある、と言います。

「お客様に対して最良のものを提供したい」というプロとしての誇りであり、譲れない一線なのです。

特にものをつくる方々にはこのような話がよく聞かれ、ほんの1音、ほんの1文字に多くの時間を割き、何度も何度もこれでいいのかと試行錯誤をし、「神は細部に宿る」を地でいく仕事をしているのです。

譲れない一線以外は、柔軟である

前項では、「捨てる」話をしたので矛盾を感じられるかもしれませんが、そうではありません。

捨てるときはあっさり。しかし、粘るところはどこまでもしつこい。できる人はそんな特性を持っています。

見ている側からするとある意味では極端で理解しづらいかもしれないのですが、決して矛盾はしていません。**「譲らない一線」は決めているけれど、それ以外はどこまでも柔軟なのです。**

優先順位がそれほどに明確であり、限られた時間の中で仕事をしていくための方法だとも言えます。

話を聞いていると、粘り強さがその人の本質なのか、柔軟なところがその人の本質なのか、卵が先か鶏が先か、のような話でケース・バイ・ケースだと思われます。

しかし、できる人は結果的にはそのどちらも身につけて、時と場合によって使い分けている。そのコントラストは、なんとも人間味があって魅力的だと感じます。

では、「譲れない一線」と「そうでもないこと」をどこで線引きしているのか？　それは、次の7章の内容が関わってきます。


できる人が柔軟さと頑固さを使い分けているのは・・・

プロとしての「譲れない一線」と、「気にするほどでもないこと」を線引きしているから

7章

すべては「直感」から始まっている

できる人は、「なんとなく」を大切にする

今回できる人たちの話を聞きながら感じたのは、みなさん非常に直感を大切にしているということです。

これは、本人の自覚・無自覚があると思うのですが、「その事業を始めたきっかけはあるんですか?」「最初から勝算はありました?」と聞くと、「それが、なんとなくいける気がして」「今は論理的に分析できますけど、正直当時はそんなこと考えてないですよね(笑)」といった答えがあまりにも多く驚きました。

その他、日常の習慣・人付き合い・時間の使い方など、事あるごとに「フィーリング」「なんとなく」「直感で」といった回答が出てくるのです。

人生のあらゆることを特に考えて選んだわけではない。けれども、掘り下げていくとたしかに辻褄《つじつま》が合っているぞ……そんな現象に何度も出くわすのです。つまり、**まったくで**

たらめの行き当たりばったりで物事を決めているのではありません。

では、彼らのいう直感とはいったい何なのでしょうか？

「（将棋棋士の）羽生《はぶ》竜王が昔、直感を大事にしてるとおっしゃってましたけど、経験的な蓄積から導きだされる直感って、結構当たることが多いと思うんですよね。でも、それじゃあ経営にならないんで、社員、株主、お客様、対外的にはロジックを使いますよね。でも、基本的には直感から始まっていることのほうが多いですよ、実際」

とは、エリートコースをバリバリ歩んできた経営者の言葉です。

できる人たちの言う直感とは、当てずっぽうの山勘ではないのです。「なんとなくそんな気がする」というこの言葉の裏には、**それまでの知識・経験がふんだんに盛り込まれており、言うなれば「暗黙知を集結した答え」**なのです。

インタビュー中、「あ〜、自分でもわかってなかったけど、言葉にするとそういうことですね」というケースに何度か出会いました。「インスピレーションで決めたことの中に、自分でも気づいていない理屈」が見つかるのです。

その意味では、できる人がみな競馬やカジノなどで大儲けできるかといえば、そうではありません。直感が働くフィールドと、働かないフィールドが存在しています。4章で

「できる人は、ギャンブルをしない」とお伝えしましたが、それも直感が働くフィールドのある・なしを感じているからではないかと思います。

重要なのは、直感と論理のバランス感覚であり、**人と仕事をしていく以上、説得する言葉を持たなければいけない。自分でうまく説明できないのなら、翻訳できる人と組まないといけない。**

そのようにして、できる人は経験を積む中で直感の精度を高めていき、同時に人を納得させるためのテクニックや組織力を身につけてきたのです。

できる人がなんとなくを大切にするのは・・・

できる人のなんとなくは、
経験に裏打ちされた、精度の高い直感だから

できる人は、直感と理屈の間を行き来する

できる人は、「基本的には柔軟だけれど、譲らないところは譲らない」というように、一見相反するものを場面によって使い分けています。

なぜそんなところにこだわるのか？　なぜその判断をしたのか？　まわりから見ると「よくわからない」と思われることがあるかもしれません。

私自身、話を聞いていると「あれ、さっき言っていたことと矛盾しないか？」「どういうことだ？」と、インタビュー当初は戸惑う瞬間もあったのですが、回数を重ねるごとに少しずつ理解できてきました。

賭けともいえるような大きな判断や、常識を破るようなビジネスアイデア、これらは何にもとづいて判断されているのかといえば、ほぼ「直感」なのです。

直感的に「これはやりたい」と感じ、「やるべきだ」と結論を出したら、どこまでも突

き進む。できる人は、このような仕事の仕方をしている場合が多いのです。

ただし重要なのは、すべて直感で決めている・直感で進めているわけではないということです。**直感的なひらめきをもとに、その判断が正しいのかどうか、理屈を使って検証をしています。**

たとえば、あるビジネスのアイデアを思いついたとします。

「これはいけるぞ！」と思ってノリノリになる一方で、いったん冷静になります。

「……いや、果たしてこれは本当にいけるのだろうか？」「他のやり方はないだろうか？」などと、あえて批判的な見方をしていくのです。

さらに、プランを形づくっていく中で、「どう表現すればこのよさが伝わるか？」「社内の人にどう動いてもらえるか？」と、人に魅力を伝えたり、説明するための理屈・数字を組み立てていきます。場合によってはモニター調査やヒアリング、テストマーケティングなどを行って細部を調整していきます。

自分の直感的な視点（主観）だけでなく、他者の目線（客観性）も取り入れながら現実的なところに落とし込んでいくのです。

たとえば、ある文系の研究者の方は「文章を書いたら意図的に寝かせる」と言います。

この方は、論文を書いているときはご飯を食べることを忘れるほど集中するそうなのですが、熱量が高すぎて内容が他の人にわかりづらくなることもしばしば。

そこで、他の人が見てもわかりやすい視点で書けているか、研究方法を示せているか、論理は明確か、などを一度寝かせてから検証すると言います。

最初は「なんとなく」の直感でスタートし、成果物をつくっていく過程で論理を駆使していくのです。

特に経営者や、組織の中でバリバリとキャリアを積み上げてきた方、人と関わる機会の多い職業の方は、**仕事を円滑に進めていくために直感と理屈を行き来する能力を自然と身につけていく**ようです。

野性的な嗅覚を持ちながらも思考や言葉はロジカルなので、周囲をどんどん巻き込んだり、これは危ないと思ったことからはスッと手を引く危機管理能力を持っています。

具体的な思考と抽象的な思考を行き来する

このような能力はふだんの思考にも通じているようで、多くのできる人は「具体的な思考」と「抽象的な思考」を使い分けています。

具体的な経験から抽象的な教訓を導きだしたり、抽象的な教訓から具体的な行動に落とし込んだり、といったことが得意なのです。

ある出来事があったときに、その経験を抽象化して考え、その中にあるエッセンスを抽出する。そして、別の場面(仕事や生活)に取り入れています。できる人たちが「別々の経験をしながらも同じ共通点にたどり着く」こともまさにこの力の賜物だと思います。

私がインタビューをしていて驚いたのは、「一を聞いて十を知る」かのように、きっかけの会話を少しするだけで、「ああ、それはですね……」というようにこちらの聞きたいこと・知りたいことを的確に話してくださることでした。

また、「たとえ話」がうまい人も多く、複雑・専門的な話を、「たとえると○○みたいなもので……」など、非常にわかりやすい形で落とし込んでくれます。

直感的に物事の本質をパッとつかむことができ、さらにそれを言語化する論理性があるということなのだと思います。

では、どのようにそんな能力が身についたのか聞いてみると、「先輩や上司などまわりのできる人を見て、自分もそうしようと思った」「大失敗を何度かしたことがあって、冷静に考えることの大切さを学んだ」「転職をしたときに、業務の内容は違うけど本質的な考え方は同じだと思った瞬間、意識するようになった」など、さまざまです。

もともとは直感派、もともとは論理派、とそれぞれ得意な能力は違うのですが、経験の蓄積によって、意識的にモードを切り替えられるようになっていくようです。

直感も理屈も、主観も客観も、抽象も具体も、あらゆる場面で使い分けながら行き来している。だからこそ、世の中の本質をついた仕事ができるし、同時に、その魅力を人に伝えることができるのです。

できる人が直感と理屈の間を行き来しているのは・・・

人と協力して大きな物事を進めるには
直感的な判断も、論理的な検証・説明も、
どちらも欠かすことができないから

できる人は、自分と対話している

近年、瞑想・マインドフルネスが大事だと言われるようになってきました。スタンフォード大学は瞑想用の施設をつくり、米グーグル社にも瞑想をするための部屋が複数あるそうです。

経営者ではスティーブ・ジョブズが瞑想を取り入れていたことは有名ですし、近年ではインドの瞑想プログラムに世界中の企業の経営者・ビジネスリーダーがわざわざ通うなど、世界のできる人たちの間でブームになっていると言います。

なぜ、できる人は瞑想・マインドフルネスを行うのでしょうか？

それは突き詰めると「**余計な情報を削ぎ落とし、自分の直感的な感覚を取り戻すため**」だと言えそうです。

情報量が多く、しかも速いスピードが求められる世の中で、できる人たちは「理屈だけでは判断できない場面も多い。でも、決めなければいけない」、そんな場面に何度も遭遇します。

そのとき、「一般的にどうかではなく、自分自身はどう思うか」、自分の責任で物事を決めることが大事なのですが、「自分の視点」が忙しい生活の中では失われがちです。

そこで、**意識的に一人になって「頭を空っぽにする」「まとわりついた思考をはがす」「自分と対話する」**といったことを、瞑想に限らずみなさんされているのです。

たとえば、ある音楽プロデューサーの方は自然にふれる時間をつくると言います。緑の多い公園や、まとまった休みが取れるときには自然の多い土地で過ごし、都会的な思考をリセットするのだそうです。

また、考えごとをしたいときは電車ではなく、タクシーを使って会社から自宅に帰るようにしている、という方もいました。日中は次から次へと意思決定をしなければいけない中、車内の30分が自分と向き合うための時間なのだそうです。

このように、運動の習慣を取り入れている人、ピアノの演奏をする人、お風呂にゆっくり入る人、実際のアクションは人それぞれですが、「自分らしさ」を取り戻す時間をつくっています。

興味深かったのは、こんな意見。

「過去、何度も間違った判断をしたことがあるんですけど、思い返すとそういうときって心とか身体の調子が悪いときの判断なんですよね。変な欲が出たり、無理やり頭で考えて自分を納得させたり。そういうときは失敗してます（笑）」

この方は、以前はお酒が大好きで毎晩遅くまで飲み歩いていたそうですが、身体を壊したことで改善。その後20キロのダイエットに成功し、付き合いのお酒はほどほどにするなどし、「身体が軽くなるだけでなく、思考や感覚が研ぎ澄まされた」と言います。

情報が非常に多い時代ですが、最終的に判断をするのは自分自身です。あくまでも、人生の主体は自分にあるということを思いだすために、自分と向き合うことが必須なのでしょう。

できる人が自分と対話するのは・・・

他人の意見・情報を鵜呑みにするのではなく、「自分の責任」で物事を決めていくため

できる人は、自分の限界を知っている

できる人は、メンタルが強い。そんなイメージがないでしょうか。

仕事でのプレッシャーは大きいですし、まわりからの期待値も高い。そんな中で日々重要な判断をしていかねばならないのだから、ストレス耐性は高いに違いない。……そんな先入観があったのですが、話を伺うと、必ずしもそうではないようです。

「ストレスに強い」「緊張しない」と言う方はほとんどおらず、むしろ「極度の緊張しい」「かなり繊細」「強かったら病気もせずに済んだんですけどね（笑）」……などなど、そんな答えが多く聞かれました。

たしかに、できる人の中には病気などの経験者も多く、もともとストレス耐性が高い、というわけではなさそうなのです。

たとえば人前で話すことを仕事にされている方・講演を頻繁に行う方などにもインタ

ビューをしましたが、「毎回、死ぬほど緊張します」とのこと。聞くと、「よく知られている芸能人の方でも、本番前には吐きそうになるそうですよ（笑）」とのことで、どんな人でも緊張知らずということはないらしいのです。

ただし違うのは、できる人はそんな自分を知っているということ。どんな状況で緊張するか、どこまで働くと無理が出るかなど、**自分のストレス耐性や体力的・精神的な限界を心得ているのです。**

特に、忙しい時期やプレッシャーがかかる場面では平常心を失いやすく、その中で判断をあやまらないように、心身に気をつかっている方は多くいました。

「長い時間働いて、夜が深くなってくるとランナーズハイの状態になって仕事超楽しい〜ってなりやすいんですけど、僕はその状態がきたら、あ、そろそろやめておこうと、ペースを落とすようにしています」

とは、あるプログラマーの方。いわく、神経が興奮しすぎると、余計な力が入ってしまい、作業効率が落ちるのだと言います。だから、「興奮してきた」と感じたらあえて手を休めてクールダウンさせるのだそうです。

また、ある有名企業で商品企画をしてきた方は、「仕事中は決して走らない」と決めていると言います。その理由は、「走るとドキドキして冷静ではいられなくなるので、それをおさえるため」とのこと。

この方は、プライベートではホノルルマラソンに参加するなど、走ることをライフワークとし、非常に若々しい肉体を保っています。日々、身体も頭も使いながら生活してきたからこそ、心技体の微妙なバランスがわかるのでしょう。

このように、できる人は自分自身の状況を知る、ということに強い意識を向けています。過去の経験から「この状態は黄色信号」というサインに気づいたり、日常のルールを定めたりしながら、本来の感覚を発揮させやすい状況をつくっているのです。

できる人が自分の限界を知っているのは・・・

平常心で高いパフォーマンスを発揮する、あるいは直感的な判断を下していくため

できる人は、右脳も左脳も使う

お伝えしたように、できる人は直感と理屈の間を行き来しています。より噛み砕くのであれば、「右脳的な要素（直感、美的センス、人の感情を推し量る能力など）」と「左脳的な要素（論理的思考力、分析力、言葉で説明する力など）」を時と場合によって使い分けている、とも言えます。

ある大手企業で役員を務めていた方は、「感覚的なところとロジカルなところがどちらもないと人を動かせないし、数字がわかって定量的な見方ができるのは大切だけど、定性的な見方もできないと本当に難しい仕事はできない」と言います。

これはビジネスマンだけの話ではなく、ものをつくる人も同様です。

ある料理人の方は、独立してお店を経営することの難しさにぶつかったと言います。理想のお店をつくるには、利益を出さなければいけない。そこで、経営を学び、会計を勉強し、最近では客単価を高めるお土産の開発などを行っているそうです。

また、海外の有名ブランドの会社を経て日本で独立したデザイナーの方は、最初はデザイン以外のことに大苦戦したと言います。

「今まではデザインのことだけしていればよかったのですが、自ら会社を経営すると資金を出してくれる方を見つけなくてはいけないですし、作品と自分のことを説明する力・人を見る力をつけなくてはいけないですし、リスクヘッジ、資金繰り……今も学ぶことだらけです（笑）」

実際、立ち上げたばかりの頃は、注文を受けてアクセサリーやカバンをつくってみたものの、商品を持ち逃げされるなど、さんざんな苦労をしたそうです（ちなみに現在は、女優やセレブリティの方に大人気のブランドになっています）。

私がこうした話を聞いて感じたのは、さまざまな苦労を経ることで多面的なものの見方・思考を獲得されていったということです。

直感も大事だし、論理力も大事。ドライさも、温かさも大事。プロセスも大事だし、結果も大事。というように、**一見すると相反するもののようなのですが、実はそうではない。どちらもまとめて1つのものとして、仕事の中で実践しているということです。**

「バランスがいいって大事なことだと思うんですけど、全部が均等でなくていいと思うんですよね。右にふりきって、今度は左にふりきって、そんな感じのバランスのとり方もあると思ってて、経営者も極端に見える人が多いですけど、それはそれでバランスを取ってるんじゃないかなと思うんです」

とは、ある経営者の方の言葉です。

この方の言葉のように、「どちらもほどほどに」ではなく、**ひらめくときには思いっきり直感で、詳細を詰めるときには思いっきりロジカルに、**というように場面によって使い分けていくことが、本当の意味でのバランス感覚なのかもしれません。

このバランス感覚を獲得できた人は、ますます活躍しやすく、いい仕事ができるようになっていくのだと思います。

できる人が右脳も左脳も使うのは・・・

ほどほどではなく、両極端にふりきることが難しい仕事を行う秘訣だから

終章

これからのできる人

多様性の時代に「ワンマン」は通用しない

さて、ここまで7つの共通点を紹介してきましたが、この終章では「これからの時代」のできる人に求められる資質について考えていきたいと思います。

今回インタビューをしてきた中で発見したもう1つのことは、できる人たちも今の仕事のやり方に課題として感じている点がある、ということです。具体的には、「これまでのやり方」が通用しない場面が出てきており、変化を迫られている、時代が変わってきている、という感覚を肌で感じているようなのです。

では、どう変わってきたかといえば「**人の持つ価値観に幅が出てきている**」ということ。いわゆる「多様性」が肌感覚として増してきており、この多様性を認めることの必要性・対応していくことの重要性を感じている、という方が多かったのです。

このような話は、特に経営者の方々から聞かれました。

これまであたりまえのようにあった上司・部下（年上・年下）の関係、タテ割り・体育会系の組織が通用しづらくなっているというのです。

これは世代による価値観の問題が大いにあると思います。

たとえば、40代後半～50代の方々は「バリバリやっていた頃の方法論は、今の若手には通用しない」「社員に、以前にも増して気をつかう場面が増えてきた」などのように、20代～30代前半くらいの人たちの新しい価値観に対して苦労をしているようです。

一方、20代～30代前半の方々は何に重きを置いているかと言えば、「自由さ」や「快適さ」。「1つの組織に縛られる必要はない」「楽しいことに時間を使いたい（仕事だけが人生ではない）」といった考え方です。

事実、20代で大成功をおさめているある経営者の方は、社員に対して「やめてぜんぜんいいよ、またお互いが必要になったら戻ってきてね、という感じで接してますね」と言います。

実力のある人は伸び伸びやればいいし、会社を離れることがあっても、別の形で協力できることもあるかもしれない。そんなふうに考えて、**そもそもコントロールすることを手放しているのです。**

また、他のケースでは「身軽なフリーでいろんな人と仕事をするのがいいかなと思っています。会社組織ではなく、チームのようなものを組んでやっていくのが自分には合っているなと思うんです」という20代の方の意見も。

このように、組織というものへの考え方が明らかに違うのです。

ヒット商品を連発してきたマーケターの方も「これまでは、こうすれば売れる、次はこんなものが当たる、という予測が立ちやすかったのですが、最近は傾向を読むことが難しくなってきています。予測が立つようなものは逆に思ったほど売れない、ということが増えてきているように思います」とのこと。

メディアも人の趣味も多様化した中で、仕事よりも家庭を大事にしたい。自由を大切にしたい。お金はほどほどでいい。出世はしたくない。など、そんなさまざまな価値観があり、画一的な物差しで捉えることが難しくなっているのです。

その中で、日本の社会が実践してきたイケイケドンドン、働いてナンボ、稼いでナンボ、といった価値観は、なかなか共感を得難くなってきています。

たとえば、これまでは「家庭を犠牲にしてでも猛烈に働くことが美徳」とされてきた部分がありますが、私がインタビューをした中では、「家族も大事にしたい」と考えている人が非常に多く、限りある時間をどのように家族と過ごしていくか、みなさん試行錯誤をされています。

このような価値観の多様性をどう認め、仕事に反映していくか。これが、これからのできる人の大きな課題です。

その意味では、お金を稼ぐ能力と同時に、人間としての力を追求していくことがこれまでよりも重要になってくるのではと私は考えています。

これからの時代は・・・

多様性を前提にした仕事の進め方・人としてのあり方が大事

自分を管理できる人が、できる人

ここまで何回か話題として取り上げた瞑想・マインドフルネスを始めとして、怒りをおさえるための技術「アンガーマネジメント」など、感情をコントロールするための手法がビジネスシーンに取り入れられてきています。

これらの流れの背景には、「(ストレス過多で) 感情が不安定になる場面が多々ある」という悩みと、「怒りは仕事に必要ない (怒りを手放したい!)」という2つの欲求があるのではないでしょうか。

これまでの時代、「怒り」や「満たされない思い」をガソリンにして自分を突き動かし、それによって大きな成果を得てきた人が相当数いたと思います。

ところが、世の中の大きな価値観が変動しつつある今、**人に対する怒りや、世の中への鬱憤の表現、これらは、求められているリーダー像とはほど遠いところにあります。**ハートは熱くても、態度は知的でスマート。そんなリーダー像が必要とされている中、できる人もあり方を変えていく必要があると感じているようです。

人への苛立ちなど、攻撃的な気持ちを克服しなければいけない……では、どのようにして感情に対処をしていけばよいのでしょうか。

大きなポイントとしては、2つ。自分の感情を分析すること、協業スタイルの確立という要素が挙がってきました。

エグゼクティブコーチの方からは、こんな意見が聞けました。

「怒ること自体は、悪いことじゃないと思うんです。ただ、大事なのは何をもって怒るかという話で、本当に愛のある注意って、強めに言われても傷つかないんです。でも、利己的な押しつけや、相手をコントロールしようっていう感情があると、ネガティブなものになってしまう。世の中で言われる怒りっていうのは、後者の場合が多いと思います」

怒りにも種類があり、その人の成長を助けるために、よりよい人生を願っての愛ある怒りは決して悪いことではない。けれど、多くの場合は自分の都合による叱責であり、これが人を傷つけたり、疲弊させたり、というお話でした。

またこんな意見も。

「そもそもが違う人間なんですから、そこは過剰に期待をしないというか、自分と同じ考えなわけがない、ということを前提にしていくしかないと思います」

「こうあってほしい」という他人への期待が裏切られたときに大きな怒りに結びついてしまう。だから、そもそも人に過剰な期待をするのが間違いだ、という考え方です。

自分は自分、他人は他人、という線引きをハッキリさせることで、少なくとも怒りの矛先を他人に向けることはなくなると言います。

このように、自分自身を分析し、「なぜ怒りたくなるのか」「何に対しての怒りなのか」を明確にするという内省するタイプの考え方もありましたが、一方でこんな方もいました。「今さら自分を変えるのは無理なので、自分は経営の方針に専念して、実際の社員とのやり取りは番頭さんに任せています（笑）」と、コミュニケーションの得意な二番手に任せることで、自身は得意なことに専念する、という協業のスタイルです。

この感情のマネジメントについては、「できる人」の中でも迷われている方は非常に多く、試行錯誤の中にあるようです。

その解決方法はさまざまであり、完全に解消するのは非常に難しいテーマだと感じます。心身の健康に興味・関心が向かっているのも、この流れの中の動きなのでしょう。

またもう1つの視点として、寿命100年時代と言われるこれからの社会では、これまでよりも「長く働く」ことを前提にキャリアを考えていかねばなりません。

すでに60歳で定年という社会ではなくなってきているように、70歳、80歳になっても働いていくための健康な身体も必要です。

その意味では、ケアしなくてはいけないのは怒りなどの感情だけではなく、生活習慣や倫理観・道徳観など、さまざまな面に及んでいると思います。

お金を稼ぐ才能とは別に、人間力がこれまで以上に求められるのではと考えています。

これからの時代に求められるのは・・・

自分の心身をよく理解し、管理・運営する力を持つこと

プライドやお金のために働くのではなく、その先へ

トップがカリスマ性でグングン引っ張る、というのがこれまでの時代の典型スタイルだとしたら、未来型のリーダーシップは、「支えてもらう」スタイルが増えてくるのではと考えています。

この考え方は「サーバント・リーダーシップ」と呼ばれています。「サーバント・リーダーシップ」とは「リーダーが先に奉仕をして、信頼を得て、人に協力してもらう体制をつくる」というものです。

この多様性の時代・変化の時代で成果を出し続けていくには、互いの強みをかけ合わせ、弱みをカバーし、時と場合に応じて強みを変えていく、そのような協力体制が不可欠だからです。

しかしながら、「自分が先に人に与えて、信頼を得る」ということは「言うは易く行う

は難し」。

なぜなら、人には「自分が先にいい思いをしたい」とか「自分が常に1番でありたい」という気持ちがあるからです。これまで、多くの人がこの感情の落とし穴にはまってきました。

目的思考にシフトしていく

この問題を解決する方法の一つが、「目的」に重きを置くことだと思います。

収入額や人の評価を受けてプライドを満たすなど、**欠けているものを埋めるためだけではなく、より高次な人生で実現したい目的のために働く、**という方向にシフトをしていくことです。

「目的に近づいていくこと」＝「自分の欲求」という図式ができることで、人と協業しやすい体制ができていきます。

実際、できる人たちと交流をしていると、地位や立場を問わず、周囲の人たちに丁寧に接する「優しさ」と、同時に驚くほどの行動力や意志の強さ、「どん欲さ」を感じます。

人間的な魅力と、何かを達成したいという強い欲求は、どちらか一方しか持てないということではなく、両立できるものなのです。

この目的についての考え方は162ページでも説明したように、パッと考えて出てくるようなものではありません。また、頭で合理的にひねりだすものでもないでしょう。

どうしたら自分は幸せなのか、快適なのか、という話であり、さまざまな人生経験を経て生まれるもの。場合によっては、人生のステージによって変わっていくものです。

一般的なものの見方から離れて深く内省し、自分と対話する必要があるでしょう。

「無理なく働く」ということ

インタビューを重ねていく中で、運送業を経営する方に出会いました。

この方は運送業を経営するかたわら、トラックの背面扉などに子どもたちが描いた絵をラッピングする、という活動をされています。

活動のきっかけは、2013年に起きた事故でした。この方の会社のトラック運転手がバイクに乗っていた男性と接触して死亡させてしまったのです。

当時、この方は社長に就任したばかりで、売上などの数値目標が優先順位の大部分をしめていたと言います。

しかし、亡くなった方のご家族に会いに行ったとき、その家族の方から「この人には子どもがいたことを忘れんといてや」と言われ、「ハッ」としたと言います。

それから、「事故を防ぐにはどうすればいいか？」に優先順位が向かうようになり、ドライブレコーダーなどの設備強化を行います。しかし、それだけでは不十分。そのとき目に留まったのが、ドライバーの一人が車のダッシュボードに飾っていた子どもの絵だったと言います。

この瞬間、「事故を起こさないためには、ドライバーや周囲のみんなが穏やかになることが大切である」ということに気づき、子どもの絵や言葉を自社のトラックにラッピングしはじめたのです。

結果的に、事故が減ったのはもちろんのこと、安全運転が増えたことで燃費が向上。ガソリン代の支出が減り、経営にもプラスの効果が出たと言います。現在、この動きは他の企業にも広がり、賛同する企業が増えています。

会社組織に所属する以上、数字を達成する責任から逃れることはできませんが、**数字以**

外の何か別の軸を見つけられた人は、みなさん無理がないように見えます。自然体で、楽しそうなのです。

そんな人のまわりには、当然ながらよい人が集まり、もっといい仕事ができるようになる。この循環をつくりだすことができます。

これからの時代に求められるのは・・・

数値目標を超えたところにある、「心からの衝動」で行う仕事

会社員スキルよりも、個人スキルを伸ばしていく

多くのできる人と接してみて、気づいたことがあります。それは、できる人たちは何らかの強い個人スキルを複数持っているということです。

たとえば、ある弁護士の方はこう言います。

「裁判の争点を絞ったり、設定して、裁判を有利に持っていくストーリーをつくることにやりがいを感じます」

法律の知識という個人スキルに加え、ストーリーテラーというスキル、そして、鋭い弁舌というスキルで裁判を有利なものにしていくのです。

また、60代でも今なおバリバリ活躍されているプロのカメラマンの方。この方は、

「写真もずっとやっていたら、誰でも撮れるようになるよ。だからこそ、俺は難しいものを自分で設定して撮るようにしているんだ。そして、他の誰もが撮らないものを撮るよう

にしているんだ」

このように言います。

カメラの腕だけでなく、顔が広いのもこの方の特徴の1つ。あらゆる業界の方とのつながりを持っているのです。また、多くの方々を実際に写真におさめてきただけあって、人を見る目も抜群。これらのスキルを兼ね備えることによって、淘汰の激しい世界を泳ぎきってこられたのです。

このような、弁護士やカメラマンという特殊な仕事の方の話をしていると会社員では無理かと思われる方がいるかもしれませんが、そうではありません。

たとえば、ある上場企業でＳＮＳを使ったマーケティングをされていた女性の方。この方は、比較的早い時期にＳＮＳを使ったマーケティングに携わっており、その内容を本にまとめ出版します。

会社の上司に言われたからではなく、自らの発案。出版社への売り込みも自分で行います。するとこの本が、この分野では最初の本となり、ソーシャルメディアマーケターの第一人者として業界で認知されることになりました。

その後は独立し、今では有名企業とコラボしながら新しい取り組みにチャレンジされています。ソーシャルメディア、マーケティング、自ら動き人を巻き込む力をこの方は持っています。

このように、できる人には培ってきたその人独自の個人スキルがいくつかあります。時代は変化します。そして、その変化は間違いなく、これまでの時代よりも加速していくことでしょう。

人がいつか死ぬように、組織もいつかはなくなります。そして、その新陳代謝はこれからますます加速していくでしょう。

頼るべき組織がなくなることに対しても覚悟が必要な時代。そのときに必要なのが、個人スキルです。

それも複数、**できれば3つ以上の強い個人スキルをかけ合わせた力がいる**のではと感じています。

人工知能、ロボットなど、これからの時代に伸びていく専門知識、人と仲良くなるという基本的な対人スキル、法律・会計などの専門的なスキル、何でもいいと思います。

与えられた環境の中で得ていくもよし、自ら選択し、狙っていくもよし。それらの強みをかけ合わせていくことで、仕事のポジションが取りやすくなっていきます。

そのような独自の強みをつくっていくことが、実は一番の安全策。これからの時代にはより必要になってくる要素だと私は考えています。

これからの時代に求められるのは・・・

個人として世の中を泳ぎきるための複数の得意分野

味方や敵ではなく、仲間をつくる

インタビューを重ねていく中で、耳に残った一つの言葉があります。

それは、「最近は味方ではなく、仲間をつくるようにしています」というある経営者の方の言葉です。

味方ではなく、仲間をつくる。これからますます多様性を増していく中で重要なのは、まさにこの考え方なのではないかと私は考えています。

ここでいう「味方」とは、自分を守ってくれる、同じ考え方・意見を持っている人のことです。一方で「仲間」とは、よりよい仕事をしていくために協業していく人で、**考え方や意見は必ずしも一致しておらず、状況によってはダメ出しをすることもある。**そんな人のことです。

これまでの社会では、敵か味方か、という関係で人と関わっていくことが多かったと思います。たとえば、強い力を持ったリーダーのまわりにはイエスマンしか残っていない、というような例はいくらでもあります。

この場合、リーダーの感性・生みだすものが時代と合っていればうまくいきます。しかし、そうでなければたちまち状況は悪くなってしまう。今、多くの企業はこのような問題にぶつかっているのです。

これは、会社組織だけの話ではありません。スポーツ選手などのお話を聞いていても、現役時代や人気絶頂だった頃にはまわりにはたくさんの味方がいた。しかし、引退したり人気がなくなったりすると、ほとんどの人が去っていく……そんな例は多かれ少なかれみなさん経験するようなのです。

結局、味方で終わる人は、その人の表面的な価値（役職や立場など）だけを見ている、ということなのかもしれません。

一方の**仲間とは、仕事や人生で本質的な価値を追求していくためのパートナー**です。その意味では、ここには家族なども含まれているでしょう。

ただし、必ずしも濃い・深いつながりが必要かといえばそうではありません。関係性はゆるくとも、お互いの特性や強みを認め合っている間柄です。ゴールには常に「目的」があるので、ぶれることはないのです。

では、仲間をつくるには、どうすればよいのでしょうか。

それはいささか暴論に聞こえるかもしれませんが、ここまで述べてきたような「できる人」の資質を身につけていくように生き、働く、ということだと思います。

というのも、できる人の多くは、すでに「仲間」の必要性に気づいていますから、彼らと一緒に組めるような強み（能力・専門性だけではなく人間性なども含めた強み）を持つこと、そして同時に自分が人生において追求したい価値は何なのかを発見し、伝えていくことに真剣に取り組むことが必要になります。

もちろん、会社組織の中でやっていく形もあるかと思います。転職や起業ということではなく、最初は副業というような立ち位置で始めるのもよいかもしれませんし、フリーランスとしてさまざまなプロジェクトを行っていく、という形もあります。

私自身の個人的な願いとしては、より多くの組織や人との間の風通しがよくなり、秩序や規律の中にも自由さがあるような、そんな状態ができていくと理想的なのではと感じています。

これまで、マネジメントという言葉は主に「管理」という意味で用いられてきました。ですが、管理ではなく、「マネジメント」＝「支援」というニュアンスを強くしていくことが、できる人の才能を活かしていく方法ではないでしょうか。

会社というのは、あくまでも人が働くための「器」であって、主役は人です。働く人の強みを活かすための環境を整え、その人たちが仕事で実現したいことを支援することで、これまで以上の結果が出る、そのような組織がより多くなってくるといいなと思います。

また、大きな会社にしかできないこと、小さな会社や個人にしかできない動きなど、一長一短がありますから、互いの強みを認め合い、補い合う動きが出てくることを願わずにはいられません。

これからの時代に求められるのは・・・

多様な価値観がある中でお互いを尊重し合った仲間の存在

これからのできる人に必要なこと

① 新世代の新たな価値観を認め、働き方を変える
→「タテ割り」や「ワンマン」は通用しないと考える

② 感情や心身の調子を整え、自分自身を管理する
→ 活躍するためにも、長く働くためにも健康は欠かせない

③ 数値目標だけでなく、自分の基準で仕事をする
→ 数字も大切だが、数字だけでは無理が生まれる

④ 会社員スキルよりも、個人スキルを大切にする
→ 個の強みを複数持つことで、変化に対応できる人材に

⑤ 敵や味方ではなく、価値を共有できる仲間と仕事をする
→ 管理ではなく、互いを支援していくチームに

おわりに

できる人たちのお話を聞くことは本当に楽しく、まさに目から鱗が落ちる日々でした。

思い返せば、私が初めてインタビューをしたのは小学生のときです。当時、私は経営者であった祖父と月1回、近所の散髪屋さんに出かけるのが恒例行事でした。その帰り道に会社について、仕事について聞いていたのです。

それから20年以上が経ち、私が経営学者として1年目のとき。学者としての働き方も、教え子たちと接することも、初めての連続。将来への期待も不安も入り混じっていたときのことです。

「いったい、どんなふうに人生を歩めばいいんだろう?」と悩んでいるとき、98歳になった祖父が入院します（祖父は92歳まで社長をしていました）。

病室で祖父に会ったとき、私は思わず「おじいちゃん、僕、これから何をしていけばいいだろう?」と質問をしていました。

すると祖父はすぐさま、こう答えてくれたのです。

「いろいろな人に会いに行けばいい」

その瞬間、つっかえていたものがストンと腑に落ちました。そうか、一人で考え込んでないで、いろいろな人に聞きに行けばいいのか！

この言葉がきっかけで、さまざまな人に会って見聞を広めてみようと思ったのです。

それから、機会を見つけてはいろいろなところに出向き、お話を聞くようになり、出会った方がまた別の方を紹介してくださる……そんな繰り返しで、この本は生まれました。

貴重なお時間を割いていただくだけでなく、惜しまず何でも話してくださるできる人たちの懐の深さには、尊敬と感謝の念でいっぱいです。

また、大学の教え子たち、いつも温かく見守ってくださる先生方、家族のみんな、制作にたずさわってくださった素晴らしいスタッフのみなさん、本当にありがとうございます。誰一人欠けてもこの本は生まれなかっただろうと、心底感じています。

そして何よりも、ここまで読んでくださったみなさまに心からの感謝を申し上げます。

本書がみなさまの人生の道すじのヒントとなることを願っています。

陰山孔貴

[著者]
陰山孔貴（かげやま・よしき）
関西大学商学部准教授。博士（経営学）。1977年大阪府豊中市生まれ。企業家の祖父、父のもとで育つ。早稲田大学大学院理工学研究科にて電子・光子材料の研究を行った後、シャープ株式会社に入社。液晶パネル事業の経営管理、白物家電の商品企画、企業再建に携わると同時に、神戸大学大学院経営学研究科にてイノベーションの研究を行う。2013年から獨協大学経済学部経営学科専任講師。2017年准教授、2019年Dominican University of California：Barowsky School of Business客員研究員を経て、2022年から現職。専門は「価値づくり」。
本書は、著者自身のキャリアへの問題意識・興味から始まったものであり、これまで数百を超える「できる人」にインタビューを重ねてきた。同時に、学生の成長支援を教育の柱として掲げており、「できる大人に会えるゼミ」は人気ゼミとなっている。
著書には『脱コモディティ化を実現する価値づくり―競合企業による共創メカニズム』（中央経済社、2019年）、『ビジネスマンに経営学が必要な理由』（クロスメディア・パブリッシング、2019年）、共著には『ベーシックプラス 技術経営』（第9章を執筆、中央経済社、2017年）、『1からの戦略論<第2版>』（第1章を執筆、碩学舎、2016年）がある。

できる人の共通点

2018年3月23日　第1刷発行
2022年7月29日　第2刷発行

著　者――陰山孔貴
発行所――ダイヤモンド社
〒150-8409　東京都渋谷区神宮前6-12-17
https://www.diamond.co.jp/
電話／03·5778·7233（編集）　03·5778·7240（販売）

ブックデザイン―大場君人
製作進行――ダイヤモンド・グラフィック社
印刷――――八光印刷（本文）・加藤文明社（カバー）
製本――――加藤製本
編集担当――下松幸樹

ISBN 978-4-478-10333-3